KB189659

일본의 평화주의를 묻는다

전범재판·헌법 9조·동아시아 연대

국립중앙도서관 출판시도서목록(CIP)

일본의 평화주의를 묻는다:
전범재판, 헌법 9조, 동아시아 연대/
하야시 히로후미 지음; 현대일본사회연구회 옮김.
   -- 서울 : 논형, 2012
        p. ;   cm
원표제: 戰後平和主義を問い直す:
      戰犯裁判, 憲法九条, 東アジア関係をめぐつて
원저자명: 林博史
일본어 원작을 한국어로 번역
ISBN 978-89-6357-410-3 03910 : ₩13000

일본사[日本史]
극동 국제 군사 재판[極東國際軍事裁判]

913.075-KDC5
952.04-DDC21   CIP2012002250

일본의 평화주의를 묻는다

전범재판·헌법 9조·동아시아 연대

하야시 히로후미 지음
현대일본사회연구회 옮김

戦後平和主義を問い直す―戦犯裁判, 憲法九条, 東アジア関係をめぐって
by Hayashi Hirofumi

Copyright ⓒ 2008 by Hayashi Hirofumi
Originally published in Japanese by かもがわ出版, Japan, 2008.
By Korean translation rights arranged with Hayashi Hirofumi
translation rights ⓒ 2010 NONHYUNG PUB CO.

일본의 평화주의를 묻는다
전범재판·헌법 9조·동아시아 연대

초판 1쇄 발행 2012년 6월 30일
초판 2쇄 발행 2019년 5월 30일

지은이 하야시 히로후미
옮긴이 현대일본사회연구회
펴낸곳 논형
펴낸이 소재두
등록번호 제2003-000019호
등록일자 2003년 3월 5일
주소 서울시 영등포구 양산로 19길 15 원일빌딩 204호
전화 02-887-3561
팩스 02-887-6690
ISBN 978-89-6357-410-3 03910
값 13,000원

한국의 독자들에게

제2차 세계대전에서 패한 후 일본은 헌법 9조에 의거해 전쟁과 군대를 포기하였습니다. 그러나 그 후 헌법 9조를 개정해 군사력을 강화하려는 보수세력과 헌법을 옹호하려는 혁신세력이 대립해왔습니다. 하지만 양자 모두 일본의 전쟁책임과 식민지책임에 대해서는 정면에서 맞서려 하지 않았습니다. 일본에서 이 문제에 본격적으로 대응하는 운동이 생겨난 것은 1990년대부터입니다. 한국이나 중국 등 일본이 피해를 입힌 국가의 민중과의 화해가 이 시기에 와서 비로소 중요한 과제로 인식되기 시작하였습니다.

제2차 세계대전 후 일본은 비교적 군사비를 억제해 경제발전을 이루었습니다만, 이는 한국이나 오키나와 등에 군사부담을 전가함으로써 가능했습니다. 냉전구조 하에서 동아시아는 동서 양 진영으로 분단되었을 뿐만 아니라 일본과 한국의 민중도, 그리고 일본과 오키나와도 분단되어 있었습니다. 하지만 최근들어 가까스로 한일 시민 간 교류가 진전되어 서로 이해할 수 있는 조건이 마련되고 있습니다. 그러나 일본에서는 여전히 식민지 지배를 정당화하려는 움직임이 강해 그 결과를 예단할 수 없습니다.

일본이 한국 등 아시아 여러 나라에게 행한 가해의 역사를 제대로 응시하고 '과거를 극복'하는 일은 여전히 중요한 과제입니다. 동시에 미군기지 축소 등 군사력에 대한 의존을 줄이면서, 보다 평화적인 길로 나아가는 것도 커다란 과제입니다. 저는 양자의 과제를 결부시켜 대응해야 한다고 생각하기 때문에, 이 책에서 이러한 과제를 양식 있는 시민에게 호소하였습니다. 한국의 독자들이 이 책을 읽는 것은 매우 기쁜 일입니다. 좋은 이웃으로서 우리들은 한일 시민의 협력과 연대 위에 평화를 만들어가고 싶습니다. 이러한 한일 협력과 상호이해에 이 책이 조금이나마 기여할 수 있었으면 좋겠습니다.

2012년 4월
하야시 히로후미(林博史)

머리말

1945년 패전을 계기로 오늘에 이르기까지 일본은 스스로 전쟁을 일으킨 적도 없고, 직접 전투에 참가한 일도 없습니다. 유감스럽게도 후자에 대해서는 사실상 전쟁에 참가하고 있다고 할 수 있습니다. 그러나 직접 무력을 행사하는 일에 대한 국민의 거부감은 여전히 강합니다. 전쟁에 전쟁을 거듭했던 메이지 이래의 근대 일본과는 크게 다릅니다. 이와 같은 일본을 만들어간 것이 일본국 헌법, 특히 9조[1]에 상징적으로 제시된 평화주의이며, 또한 헌법 9조를 단지 조문에 그치지 않고 현실화하려고 끊임없이 노력해온 많은 사람들의 실천이었습니다.

저는 중학생 때 처음으로 일본국 헌법을 주의 깊게 읽었는데, 그 전문(前

---

[1] 헌법 9조: 제2차 세계대전에서 패한 일본은 승전국인 미국의 주도 하에 헌법을 개정하여 1946년 11월 3일에 공포하고 1947년 5월 3일부터 시행하였다. 현재까지 한 번도 개정한 적이 없는 헌법 9조는 전쟁 포기와 전력(戰力) 보유 금지, 국가의 교전권 부인을 주요 내용으로 하고 있어 평화헌법이라는 별칭으로 불리고 있다. 해당 조항은 다음과 같다.

[제2장 전쟁의 포기]
9조 ① 일본 국민은 정의와 질서를 기조로 하는 국제평화를 성실히 회구하고, 국권 발동에 의거한 전쟁 및 무력에 의한 위협 또는 무력행사는 국제분쟁을 해결하는 수단으로서는 영구히 이를 포기한다. ② 전항의 목적을 성취하기 위하여 육해공군 및 그 이외의 어떠한 전력도 보유하지 않는다. 국가의 교전권 역시 인정하지 않는다.

文)에 매료되어 몇 번이고 소리 내어 읽었습니다. "일본 국민은 항구적인 평화를 염원하며, 인간 상호 관계를 지배하는 숭고한 이념을 깊이 자각하고, 평화를 사랑하는 모든 국민의 공정과 신의를 신뢰하여 우리의 안전과 생존을 유지하려고 결의했다. 우리는 평화를 유지하고 전제와 예속, 압박과 편협을 지상에서 영원히 제거하려고 노력하는 국제사회에서 명예로운 지위를 점하고자 한다"로 이어지는 구절은 몇 번을 읽어도 감동적이었습니다. 그 기분은 지금도 마찬가지입니다. 이런 전문의 정신을 구체화한 9조를 지지하며, 전후 일본의 평화주의가 획득한 성과는 대단하므로 적극적으로 평가해야 한다고 생각합니다. 이들 성과는 전쟁이라는 힘겨운 체험을 한 일본인이 전후 끈질기게 싸워가며 획득한 귀중한 성과로 선인들의 노력에 깊은 경의를 표합니다. 이 점은 이 책의 전제이기도 합니다.

그러나 이것만으로 충분할까 하는 의구심도 듭니다. 요즈음 전후 일본이 쌓아온 평화적인 성과가 차례차례 허물어지고 있는 것도 사실입니다. 이런 가운데 헌법 9조는 훌륭하다, 이를 위해 싸운 사람들은 위대했다는 논의만으로는 오늘날의 상황을 타개할 수 없지 않을까 하는 우려도 깊이 듭니다.

저는 전범재판과 오키나와 전쟁, 일본의 전쟁책임 문제를 연구하고, 나아가 여러 운동과 실천에 관계하는 가운데 헌법 9조 또는 이를 뒷받침해온 일본인의 평화의식·평화운동에 대해 의문과 비판을 가지게 되었습니다. 그렇기 때문에 전후 일본의 평화주의를 둘러싼 문제에 대해 제가 생각하고 느낀 점을 전범재판, 아시아 속의 헌법 9조, 동아시아에서의 과거 극복이라는 세 가지 시점에서 생각해본 것이 이 책입니다.

이 책에서는 헌법 9조와 이를 뒷받침해온 전후 일본의 평화주의에 대해 비판적인 논의를 하고 있습니다. 독자께서는 너무 비판적이라고 느끼시겠지만 적극적인 평가를 전제로 해서 문제 또는 극복해야 할 과제를 제기한 것이니 이해해주시기 바랍니다. 전후 일본의 귀중한 재산인 평화주의를 비판적으로 검증하고 나아가 창조적인 새로운 생명력을 불어넣는 것이 제가 진심으로 바라는 바이며 이런 관점에서 정리한 내용이 이 책입니다.

이 책에서는 먼저 전범재판에 대해 논의하고 있습니다. 왜 전범재판이 이 책과 관계가 있을까요? 여기서 전범재판에 대한 일본인의 이해에 어떤 문제점이 있는지를 하나 예를 들어보겠습니다. 일본인들은 흔히 B·C급 전범재판에 대해 상관에게 복종했을 뿐인데 하급 군인까지 재판을 받은 것은 가혹하다고 말합니다. 당시 일본군에서는 상관의 명령은 천황의 명령으로 절대적이었는데도 불구하고 재판에서 극형에 처해졌다고 말합니다.

'나는 조개가 되고 싶다'라는 유명한 영화가 있습니다. 1958년에 TV 드라마로 방영되고 이듬해 1959년에는 영화로 만들어졌습니다. 드라마와 영화 모두 후랑키 사카이(フランキー堺)가 전쟁 중에 이등병이었던 선량한 이발사 역을 맡았습니다. 그는 상관으로부터 포로를 찔러 죽이라는 명령을 받습니다. 그런데 찌르려고 했지만 죽일 수 없었습니다. 그러나 그 이등병은 전범이 되어 사형당합니다. 말단인 이등병까지도 사형을 당했다는 불합리함을 그린 이야기입니다.

실제로 이런 일이 있었다고 믿는 사람이 많지만 이는 분명히 사실이 아닙니다. 전범관계 자료를 보는 한 이등병으로 사형당한 사람은 없습니다. 영화 '나는 조개가 되고 싶다'는 분명 전혀 없었던 일을 마치 있었던 듯이 생각하게 한다는 점에서 전범재판에 대해 잘못된 이미지를 퍼뜨린 영화입니다.

이등병에게 사형판결이 난 예도 있었지만 후에 감형되어 사형은 당하지 않았습니다. 상관의 명령에 따르기만 한 경우에는 사형 판결이 났더라도 감형되었습니다. 원작은 뒤에 언급하듯이 대단히 우수한 저작이지만 영화는 너무 지나칩니다. 픽션은 반드시 사실에 바탕을 둘 필요는 없지만 훌륭한 픽션은 현실의 본질을 예리하게 들추어냅니다. 그러나 이 영화는 오히려 본질을 외면하게 하는 역할을 했다고 생각합니다.

상관의 명령에 따랐을 뿐인 선량한 시민인 병사까지도 전범으로 처형되었다는 허구의 작품이 만들어졌다 하더라도 더 중요한 문제는 왜 이 작품이 일본인 사이에 널리 공감을 불러일으켰느냐 하는 점이겠지요. 선량한 서민이 전쟁에 휘말려 비참한 꼴을 당했다고 하는 주인공의 처지를 자신과 동일시하여 자신들도 모두 피해자였다고 생각함으로써 안심할 수 있기 때문일지도 모릅니다.

B · C급 전범재판과 관계 있는 예를 하나 더 들자면, 무차별 폭격을 하고 포로가 된 미군기 탑승원을 재판도 하지 않고 처형했다는 이유로 전범이 되어 사형당한 오카다 다스쿠(岡田資) 중장이 있습니다. 그는 법정에서도 미군의 무차별 폭격을 비판했다 하여 일본 국내에서는 마치 양심적인 사람처럼 일컬어지고 있습니다.

도카이군관구(東海軍管區) 사령관이었던 오카다는 탑승원 27명을 군법회의(군사재판의 일종)에 회부하지 않고 참수처형을 명했습니다. 미국에 의한 전범재판에서 오카다에게는 사형이 언도되었지만 나머지 19명은 금고형에 머물렀습니다. 특히 참수를 실행한 하사관과 사병은 중노동 10년 형을 받았지만 전원 형집행이 면제되어 판결과 동시에 석방되었습니다. 실질적으로 처벌된 사람은 명령자인 오카다 중장과 간부인 대령에서 대위까지였습니다.

무차별 폭격이 전쟁범죄라 하여 처형된 미군기 탑승원은 폭격 실행자에 해당합니다. 미국은 재판에서 상급 명령자만을 처벌한 데 반해 일본측은 실행자를 극형에 처했다고 할 수 있습니다. 오카다는 말단의 자리에 있는 사람만을 극형에 처했고 더욱이 이들에게 아무런 변명의 기회도 주지 않았습니다. 오카다를 옹호하는 사람들은 그가 명령에 따른 하급자를 극형에 처한 일을 지지하는 걸까요?

오카다에 대해서는 잊어서는 안 될 점이 있습니다. 그는 그 이전에 중국에 있을 때 독가스전을 실행하고 그 효과를 높이 평가하는 보고를 한 인물이라는 사실입니다. 또한 그가 미군을 비판할 때, 일본군이 충칭(重慶) 등에서 중국 민중에게 무차별 폭격을 행한 사실을 그는 얼마나 자각하고 있었을까요? 중국인에게는 독가스를 사용해도 양심의 가책을 느끼지 않는 듯한 민족차별적인 의식을 가졌다고 비판받아 마땅한 인물을 아직까지도 '양심적'이라고 생각하는 일본인의 민족차별적인 의식이야말로 문제가 아닐까요? 이는 아시아에 대한 가해, 그 배경인 민족차별을 아직까지도 제대로 직시하지 못하는 일본 사회를 상징하는 듯합니다.

전범재판에 대한 일본인의 인식에 여전히 극복되지 않은 전후 일본의 문제점이 산적해 있는 듯이 느껴집니다.

이것이 이 책 1장의 테마입니다. 이를 바탕으로 전후 일본인의 평화주의·평화의식을 동아시아라는 시각 속에서 재검증하고자 한 것이 2장과 3장입니다. 3장에서는 동아시아 사람들의 주체적인 활동을 소개하면서 동아시아의 가능성을 살펴보려고 합니다.

이 책은 3장으로 구성되었습니다. 각 장은 「어린이와 교과서를 생각하는 후추(府中) 모임」의 연속 강좌 '전후사를 재검중한다'에서의 강연을 바탕으로 정리한 내용입니다. 강연은 2006년 11월 23일, 2007년 2월 18일, 2007년 3월 17일 3회에 걸쳐 실시하였습니다. 한 시간 반 이상 제가 강연을 하고 참가자의 질문을 받는 방식의 강좌였는데, 매회 수십 명이 참가하여 열심히 듣고 질문도 활발하게 해서 저에게도 많은 도움이 된 인상 깊은 강좌였습니다. 3회에 걸친 강연 녹음 테이프를 가토 겐이치(加藤健一) 씨가 원고로 작성해주었습니다. 이 자리를 빌어 감사드립니다. 제가 원고를 다듬고 마쓰타케 노부유키(松竹伸幸) 편집자의 의견도 청취해 가필·수정하여 새로 편집한 내용이 이 책입니다.

「어린이와 교과서를 생각하는 후추 모임」[2]은 2001년 '새로운 역사교과서를 만드는 모임'[3]이 중학교 역사·공민 교과서를 출간하였을 때, 이런 왜곡

2) 어린이와 교과서를 생각하는 후추 모임(子どもと教科書を考える 府中の會): 도쿄도(東京都) 후추시(府中市)의 중학교에서 사용되는 사회과(역사, 공민) 교과서에 관심을 가지고 생각하며 행동하는 시민단체이다. 이 단체에서는 2001년에 '새로운 역사교과서를 만드는 모임'에서 교과서를 편찬하자 왜곡된 교과서가 채택되지 않도록 노력하며 교과서뿐 아니라 신학습지도요령, 히노마루와 기미가요 문제, 교육기본법 등에도 관심을 갖고 대처하는 활동을 벌이고 있다. (http://www.geocities.jp/fuchukyokasho/)

3) 새로운 역사교과서를 만드는 모임(新しい歴史教科書をつくる會): 1996년에 결성된 일본의 보수 우익단체. 종래의 중학교 역사교과서가 필요 이상으로 '자학사관(自虐史觀)'의 영향을 강하게 받고 있다고 주장하며, 어린이들이 일본인으로서의 자신감과 책임을 지닐 수 있는 교과서를 작성해 보급하겠다는 의견을 내세워 결성되었다. 이 단체에서 발행한 역사교과서는 역사가와 시민단체로부터 '역사수정주의'라는 비판을 받고 있으며, 특히 한국, 중국, 북한 등의 각국 정부와 시민들로부터도 노골적인 역사왜곡이라는 비판을 받고 있다. (http://www.tsukurukai.com/)

된 교과서를 청소년들이 사용하도록 해서는 결코 안 된다며 시민들이 직접 만든 시민단체입니다. 연속 강좌를 준비한 '후추 모임' 봉사자들과 강좌 참가자들의 공동작업으로 이 책이 나오게 되었다고 해도 좋을 것입니다. 물론 내용에 대한 책임은 전적으로 저에게 있습니다.

저는 문장을 쓸 경우에는 하나하나 논거를 확인하여 신중히 씁니다만, 강연에서 말을 할 때는 꽤 허풍을 떨기도 합니다. 문제제기를 할 때는 실증성은 조금 희생하더라도 대담하게 말하고 싶은 점을 이야기합니다. 그러므로 논리에 빈틈이 있거나 설명이 제대로 안 된 점과 부정확한 점 등이 많이 있으리라 생각합니다. 또한 시간 관계로 충분히 설명하지 못한 부분도 있습니다. 청중에게 제 생각을 명확하게 이해시키려고 논의를 조금 단순화한 경우도 있습니다. 이런 점들은 널리 양해해주시고 문제를 제기하는 책으로 이 책을 읽어주시기 바랍니다.

차 례

• 일러두기

1. 일본어 인명, 지명의 한자 표기에서 본문은 정자로, 참고문헌과 부록은 일본어 한자로
   표기하였다.
2. 독자의 이해를 돕기 위해 본문 하단에 역자 각주를 덧붙였다.

1장

도쿄재판, B·C급 재판의 재검토

제2차 세계대전이 끝나고 일본과 독일이 저지른 잔학행위와 침략전쟁에 대해 연합국이 재판을 하였습니다. 일본에 대해서는 도쿄재판과 B·C급 전범재판이라는 형태로 재판이 이루어졌습니다. 우선, 이 전범재판을 살펴보겠습니다.

보통 전범재판이 거론될 경우에는 A급과 B·C급이 별도로 다루어집니다. 그러나 저는 본래 이 두 가지는 함께 묶어서 보아야 한다고 생각하기 때문에 양자를 묶어서 논하겠습니다.

또한 중요한 것은 어떠한 시각에서 전범재판을 논할 것인가 하는 점입니다. 전범재판을 이야기하는 이유는 단순히 비난하거나 공격하기 위해서가 아닙니다. 저는 전쟁을 없애거나 줄이기 위해 혹은 전쟁이 일어났다고 해도 그 피해를 가능한 줄이는 관점에서 생각하고 싶습니다.

일본에서는 A급이든 B·C급이든 전범재판은 상당히 평판이 나쁩니다. 승자의 재판이라는 관점에서 이야기되는 경우가 많습니다. 그 사람의 정치적 입장이 어떠하든 좌우 어느 쪽의 입장에서도 정치적인 재판이었다고 말합니다. 대부분의 사람은 미국 등의 연합국 측에 의한 일방적인 재판이었다고 단정지어버립니다. 그러나 과연 그런 것일까요?

이 문제를 생각하기 위해 이러한 전범재판이 왜 시행되고, 왜 이와 같은 형태로 행해진 것인지부터 논하고 싶습니다. 전범재판과 그 재판 방식은 처음부터 정해진 것은 아니었습니다. 이들 방식이 결정된 것은 1945년 여름이 되어서입니다.

1. 전쟁범죄·전쟁책임이라는 사고의 발생

제1차 세계대전 속에서

우선 전쟁범죄, 전쟁책임이란 무엇인가 하는 점부터 생각하고 싶습니다. 전쟁범죄와 전쟁책임을 다룬다는 사고는 어떻게 생겨난 것일까요? 뉘른베르크 재판[1]과 도쿄재판 등의 전범재판은 제2차 세계대전이 발발한 이후 갑자기 나온 것이고, 사후법이라는 비판을 받고 있습니다만, 잠시 역사를 돌이켜보고 싶습니다.

전쟁책임이라는 용어, 그러한 사고가 처음으로 생겨난 것은 제1차 세계대

1) 뉘른베르크 재판: 1945~1946년에 독일 뉘른베르크에서 열린 국제 군사재판으로 나치 지도자들을 전범으로 기소하였다. 1945년 8월 8일 미국, 영국, 소련, 프랑스 임시정부 대표가 조인한 런던협정에 바탕을 둔 것으로 1차 공판은 10월 18일 베를린에서 열려 24명의 나치 지도자들과 비밀경찰인 게슈타포 등을 기소하였다. 1946년 10월 1일 교수형 12명, 종신형 3명, 10~20년의 징역형 4명, 형 면제 3명이 선고되었다. 2차 공판은 1946년 12월부터 1949년 4월 14일까지로 유대인 학살 만행에 관여했던 의사, 관료, 법관 185명이 기소되어 25명에게 사형, 20명에게 무기징역이 선고되었다.

패전 이후 맥아더를 처음 방문한 쇼와 천황과 맥아더(1945. 09. 27)

전입니다. 여기서 처음으로 전쟁을 일으킨 책임자를 처벌한다는 사고가 국제적으로 등장하였습니다. 국가의 책임자나 지도자의 책임을 인정하고 처벌해야 한다는 생각입니다.

　　제1차 세계대전의 강화 조건을 규정한 베르사이유 조약[2]은 독일 황제 빌

2) 베르사이유 조약: 제1차 세계대전의 강화를 위해 1919년 6월 28일 파리에서 연합국과 독일 사이에 맺어진 조약으로 대전 후의 국제질서를 성립시키는 기초가 되었다. 440개 조로 이루어진 이 조약에서는 독일의 옛 영토와 식민지의 재분할, 핀란드에서 유고슬라비아에 이르는 신흥국 창설, 독일에 대한 군비제한과 배상 등을 규정하였다. 이외에 국제연맹 창설, 국제노동회의 개최 등 전쟁과 국제적인 노동공세를 막기 위한 방책도 포함되었다. 제1차 세계대전에서 연합국으로 참가한 일본은 세계강국의 대열에 서게 되었고 이 조약을 통해 칭따오(靑島)의 독일 이권 계승과 남양 독일령 제도에 대한 위임통치 명목의 영유권을 인정받게 되었다.

헤름 2세를 재판에 회부해야 한다는 것을 규정하고 있습니다. 이를 위한 재판소도 설치하기로 하였습니다. 실제로는 독일 황제가 네덜란드로 망명해 그곳에서 비호를 받았기 때문에 재판은 이루어지지 않았지만 국제재판을 할 예정이었습니다.

조약에서는 이 재판의 재판관을 전승국 5개국에서 선임할 것도 결정하였습니다. 일본도 참전국이며 전승국이기 때문에 재판관을 선임하기로 하였습니다.

일본에서는 도쿄재판이 전승국에 의한 재판이라고 자주 비난을 합니다만, 이러한 경과를 보면 그 주장은 자기 편향적인 것은 아닐까요? 본인이 이겼을 때는 재판하는 측의 입장에서 재판관 선임까지 정해두면서, 지면 그러한 방식이 일방적이라고 비판하는 것이니까요.

전쟁 위법화의 시작

제1차 세계대전 후 전쟁의 위법화라는 사고가 등장해 국제사회에서 그것을 실현하고자 하는 노력이 생겨났습니다. 발효되지는 못했지만 제네바 의정서[3](1925년) 등에서 '침략전쟁은 죄악이다'라고 규정됩니다.

---

3) 제네바 의정서: 1924년 10월 2일 국제연맹 제5차 총회에서 체결된 의정서로 정식명칭은 '국제분쟁의 평화적 처리 의정서(Protocol for the Pacific Settlement of International Disputes)'이다. 중재재판, 안전보장, 군비축소의 3원칙에 따라 국제분쟁을 평화적으로 해결하고 국제연맹의 결함을 보완할 목적으로 작성되었으며 전문(前文)에서는 침략전쟁을 국제범죄로 규정하고 있다. 특히 모든 국제분쟁에 대해 구속력있는 결정을 내려 해결로 이끌 것을 규정하고 있다. 프랑스 등 19개국이 서명하였으나 영국이 가입하지 않음으로 인해 필요한 국가 수의 부족으로 비준을 얻지 못해 미발효로 끝났다.

실제로 발효된 부전조약[4](1928년)에서는 "국제분쟁을 해결하기 위해 전쟁을 일으키는 것을 죄"라고 규정해 전쟁 포기를 주창하였습니다. 전쟁이라는 수단에 의해 국제분쟁을 해결하려는 것은 국제법에서 위법 행위로 규정됩니다. 일본도 이 조약에 비준하였습니다.

이들 조약이 만들어진 배경에는 국제법 학자, 외교관, 평화운동가들에 의해 전쟁을 위법으로 하려는 움직임이 일어났던 점을 들 수 있습니다. 그때까지는 전쟁이란 외교의 연장이라는 생각이 국제적으로 존재하고 있었습니다. 그러나 제1차 세계대전 이후 일반 민중을 포함해 피해가 너무나도 컸기 때문에 자위 전쟁을 포함하여 전쟁은 위법이라는 인식이 생겨나게 되었습니다.

당시 논의를 보면 일본에서 전후 헌법 9조를 옹호해온 논리와 거의 동일합니다. 스스로 침략한다며 전쟁을 시작하는 경우는 없습니다. 자위를 명분으로 전쟁을 하기 때문에 자위를 위한 전쟁을 인정하게 되면 제한 없이 전쟁을 인정하게 됩니다. 따라서 모든 전쟁을 위법으로 해야 한다는 것입니다.

그러나 모든 전쟁을 위법으로 하면 각국의 정치 지도자들은 곤란하게 됩니다. 그러므로 침략전쟁은 안 되고 먼저 전쟁을 개시하는 것은 안 되지만, 공격받았을 경우의 자위전쟁은 괜찮다는 식으로 귀결된 것이 부전조약입니다.

---

4) 부전조약(不戰條約, Treaty for the Renunciation of War) : 1928년 파리에서 영국, 미국, 프랑스, 독일, 일본 등 15개국이 조인한 전쟁 포기에 관한 조약이다. 국제분쟁을 전쟁이 아닌 평화적 수단으로 해결할 것을 합의하였다. 그 후에 참가국이 63개국으로 늘어났으나 제재사항의 결여로 실효는 없었다. 켈로그-브리앙(Kellogg-Briand)조약 또는 파리 조약이라고도 한다.

비인도적 행위 등은 19세기부터 금지해왔다

전쟁을 일으키는 그 자체가 아니라, 선생 중 특정 행위를 위법화하려는 움직임은 제1차 세계대전 이전인 19세기 말부터 있었습니다. 잔혹 행위 혹은 비인도적 행위의 금지 등을 정한 헤이그 조약5)과 그 부속 규칙으로서 지상전의 법규관례에 관한 규칙은 1907년에 만들어졌습니다. 독가스 사용 금지라든가 포로 취급 규정(학대금지)도 예전부터 전시 국제법으로 정해져 있었습니다. 군대가 없고 혹은 군사시설이 없는 도시 등에 대한 공격은 금지한다는 내용도 마찬가지입니다. 점령을 하더라도 그곳에 거주하는 주민에게는 약탈과 강간을 금지하는 것과 주민 생명에 위해를 가하는 행위를 금지하는 것 등도 헤이그 조약 등에서 전쟁범죄로 명확히 규정하였습니다. 구체적으로 언급하지는 않겠습니다만, 19세기 말부터 만들어진 법체계가 이미 있었던 것입니다. 이들 법규에 위반되는 죄는 현재 '통상의 전쟁범죄'라고 칭합니다. B급 범죄가 이에 해당합니다.

한편 침략전쟁을 계획·준비·개시·수행하는 것을 전쟁범죄로 규정하는 사고는 후일 '평화에 대한 죄'로 정식화되었습니다만, 이는 지금 소개한

---

5) 헤이그 조약(Hague Convention): 1899년에 헤이그에서 열린 제1회 만국평화회의에서 채택된 '지상전 법규관례에 관한 조약' 및 그 부속서인 '지상전 법규관례에 관한 규칙'을 말한다. 1907년의 제2회 만국평화회의에서 개정되어 오늘날까지 유지되고 있다. 헤이그 지상전 협정, 헤이그 지상전법규, 지상전조약이라고도 부른다. 교전자의 정의, 선전포고, 전투원 및 비전투원의 정의, 포로 및 상병자의 처우, 사용금지 전술, 항복과 휴전 등을 규정하고 있다. 현재는 각 분야에서 보다 세밀한 조약으로 그 역할을 계승하고 있는 경우도 많지만 가장 근본적인 전시 국제법으로서 기본 규칙에 따라 정당한 전쟁을 할 것을 규정하고 있다.

제1차 세계대전 이후의 전쟁 위법화의 논의 속에서 탄생하였습니다. 이에 관해서는 뒤에서 자세히 살펴보기로 하겠습니다.

또한 제1차 세계대전 후에는 개별 전쟁범죄를 범했던 실행자와 명령자를 처벌할 뿐만 아니라, 국가와 군의 지도자까지도 전쟁범죄인으로 재판해야 한다는 제안도 있었습니다. 후에 뉘른베르크 재판과 도쿄재판으로 이어지듯이 국제법정을 설치해서 그러한 지도자를 재판하여야 한다는 논의도 이루어졌습니다.

이러한 점에서 뉘른베르크 재판과 도쿄재판 등의 전범재판은 제2차 세계대전이 발발하고 난 후에 생겨난 것이 아닙니다. 그 이전부터 국제사회에서 논의된 것으로서, 일부는 이미 전시 국제법으로 실현되어왔던 것입니다.

2. 제2차 세계대전과 전범처벌

미국과 영국은 재판 방식에 소극적이었다

제2차 세계대전은 아시는 바와 같이 독일, 일본 등이 일으킨 것입니다. 잔학행위를 대규모로 그리고 조직적으로 행했습니다. 이러한 잔학행위를 국제사회가 어떻게 다룰 것인가를 연합국 측이 함께 모여 논의하기 시작했습니다. 그 후 1942년 1월 런던 성제임스 궁전에 유럽 각국 정부(망명정부)가 모여 논의하고 잔학행위에 대한 내용을 정리하여 연합국 공동선언을 하였습니다.[6] 이것은 독일이 시민에게 행한 잔학행위를 재판에 의해 심판해야 한다는 최초의 호소라고 할 수 있습니다.

중국은 이 선언 당시에는 업저버였지만 곧 정식 멤버가 되었습니다. 따라서 이때부터 교전국인 일본도 대상이 되었습니다.

한편 영국, 미국은 전쟁범죄를 심판하는 것에 대해 처음에는 상당히 소극적이었습니다. 국가나 나치 지도자는 재판 없이 처벌한다는 생각이었습니다. 그러나 1943년 가을에 일련의 움직임이 있었습니다.

11월 1일에 영·미·소의 3국 수뇌에 의한 모스크바 선언[7]이 나오게 됩니다. 이 선언에는 연합국이 전쟁범죄자를 처벌한다는 내용이 포함되어 있습니다.

이와 동시에 연합국의 전쟁범죄를 위한 위원회가 런던에 설치되었습니다. 연합국 17개 국이 참가해서 설치된 것으로 이후 중국의 충칭(重慶)에 소위원회가 만들어졌습니다. 일본과 독일의 잔학행위에 대해 연합국이 어떻게 대처할 것인가 하는 논의가 여기에서 본격적으로 시작되었습니다.

6) 1942년 1월 1일 연합국 26개 국이 서명한 연합국 공동선언 (Declaration by United Nations)을 말한다. 제2차 세계대전의 전쟁 목적을 기술하고 각국이 가진 모든 물적·인적 자원을 추축국(樞軸國)에 대한 전쟁수행에 사용할 것과 개별 국가가 독일, 일본, 이탈리아와 단독으로 휴전 또는 강화를 맺지 않을 것을 명시하였다. 이 선언은 후에 국제연합의 기초가 되었으며 1945년 3월까지 47개 국이 서명하였다.

7) 모스크바 선언: 1943년 11월 1일에 미국의 루즈벨트 대통령, 영국의 처칠 수상, 소련의 스탈린 수상에 의해 발표된 성명서이다. 제2차 세계대전 중에 행해진 잔학행위를 전쟁범죄로 처벌하는 것에 공동의 의지를 표명하고 2가지 원칙을 제시하였다. ① 잔학행위를 저지른 자는 전후에 그 행위를 행했던 지역으로 송환하여 그 나라의 법률에 따라 재판에 회부하여 처벌한다. ② 잔학행위가 특정한 지리적 범위를 벗어나며 동시에 제반 연합국 정부의 공동결정에 따라 처벌해야 되는 중대 범죄인에 대해서는 ①항의 원칙에 영향을 받지 않는다.

런던의 연합국전쟁범죄위원회[8]에는 각국 정부의 대표가 참가하였습니다. 제1차 세계대전 후 전쟁 위법화를 국제적으로 추진한 각국의 학자와 법률가도 이 위원회에 참가하였습니다. 그들은 오랜 기간에 걸쳐 전쟁 위법화, 전범처벌 문제에 대응해 국제적인 논의를 진행해왔는데 그러한 구상을 이 기회에 실현하려고 하였습니다.

1944년 시점에서 미국과 영국 양 정부 내에서는 독일의 지도자를 '붙잡으면 즉시 처형하라'는 사고가 대세였습니다. 처칠 등도 본인 확인이 가능하다면 즉시 처형하라는 생각이었습니다. 루즈벨트도 이러한 즉결처형 방식으로 기울어 있었지만 결단을 내리지 못한 채 사망하였습니다. 미국에서도 즉결처형파가 우세했습니다.

이에 대해 연합국 전쟁범죄위원회는 국가와 군, 나치 지도자를 재판하기 위해서는 국제법정이 필요하다는 국제재판 방식을 제창하였습니다. 조약을 만들어 국제법정을 설치해 전쟁범죄인을 재판하라고 주장했습니다. 제1차 세계대전 후에 논의되어왔던 사고를 여기서 실현하려는 것입니다. 그러나 이 국제재판 방식은 영국이 반대했기 때문에 일단 좌절되었습니다.

조직 차원의 범죄를 심판하기 위하여

좌절되었다고는 하지만 연합국전쟁범죄위원회의 논의는 매우 중요한

8) 연합국 전쟁범죄위원회: 제2차 세계대전 당시 설립된 연합국의 전쟁범죄에 관한 조사기관으로 3개 소위원회(사실증거, 집행, 법률 문제)를 두었다. 1942년 10월 7일 루즈벨트 미국 대통령과 영국의 대법관 사이먼이 설립할 것을 발표하였고, 1943년 10월 20일 런던에서 17개 국이 참가한 외교단 회의에서 합의하였다. 세 번의 비공식 회의를 거쳐 1944년 1월에 제1회 회의가 열렸고 1948년 3월 말에 해산되었다. 위원회의 주요 임무와 목적은 전쟁범죄 수사 증거자료 수집 및 기록, 전쟁범죄인의 명단 수집 및 제작, 법률 문제 토의, 관계정부에 대한 권고 등이었다.

것입니다. 당시에 전쟁범죄인으로 재판의 대상이 된 것은 주로 전쟁 현장에서의 개별적인 잔학행위, 즉 포로와 비전투원 등에 대한 개별 행위입니다. 그러나 제2차 세계대전에서는 독일에 의해 조직적인 잔학행위가 이루어졌습니다. 일본의 경우도 나치만큼 체계적이지는 않았다고 하더라도 똑같은 잔학행위를 중국과 동남아시아 등 각지에서 저질렀기 때문에 도저히 개별적인 사례라고만 볼 수는 없었습니다. 즉 개별 장교와 병사에 의한 범죄라기보다는 조직적인 차원의 범죄라고 보아야 하는 것이 아닌가 하는 논의가 제기되었습니다. 그것은 종래의 전쟁범죄라는 개념으로는 대처할 수 없는 것이었습니다.

개별 현장 책임자와 실행자를 처벌하는 것만으로는 해결할 수 없다고 한다면 어떤 개념으로, 어떤 법에 의거해, 어떤 재판소에서 재판할 것인가 하는 것이 문제가 되었습니다. 이런 가운데 광범위하게 조직적으로 행해진 잔학행위에 대해 논의가 이루어졌고, 이것은 나중에 인도(人道)에 대한 죄라는 개념으로 정리가 되었습니다. 나아가 그 원인이 되는 전쟁을 시작한 국가 지도자들의 책임도 물어 재판해야 한다는 사고가 나오게 되었습니다. 이것이 평화에 대한 죄라는 사고입니다. 다시 말해서, 조직적으로 대규모 잔학행위를 하는 전쟁을 계획하고 준비, 수행한 자를 재판한다는 것입니다.

일단 좌절된 국제재판 방식이었지만 미국의 스팀슨[9] 육군장관은 즉결처

---

9) 스팀슨(Henry L. Stimson): 1930년에 런던해군군축회의에 미국 대표로 참가하였으며 1932년에는 중국과 일본 사이의 무력에 의한 영토 변경은 인정하지 않는다는 '스팀슨 독트린'을 발표하였다. 1940년대 육군장관 재직시에 미국에 거주하는 일본계 이민자를 서부 해안지역에서 강제로 퇴거시켰으며 원자폭탄 개발계획과 사용·결정에 관여하였다. 그러나 교토의 원폭 투하에는 반대하였다. 그는 원폭투하에 대한 비판에 맞서 1947년에 "원폭투하로 전쟁을 빨리 종결시켜 미군 병사 100만 명의 생명을 구했다"라는 발언을 하기도 하였다.

형에 반대하여, 재판 없는 처형은 미국 정의의 전통에 반한다는 이유로 제대로 된 법의 심판을 받게 해야 한다고 주장합니다. 나치 지도자들을 법 앞에서 심판해야 한다고 주장한 것입니다.

국제재판 방식으로의 합의

스팀슨의 의향을 받아들여 육군성 내에서 전쟁 지도자를 포함해 전쟁범죄인을 어떻게 취급해야 하는가에 대한 검토가 시작되었습니다. 그때 논의의 기초가 되었던 것이 조금 전에 소개한 연합국전쟁범죄위원회의 논의였습니다. 스팀슨의 주장이 미국 정부 내에서 지지를 얻어 즉결처형 방식이 사라지게 됩니다. 그리고 1945년 4월 대통령이 된 트루먼이 국제재판을 행하기로 결정했습니다.

영국이 국제재판에 소극적이었던 이유의 하나는 재판을 하게 되면 히틀러에게도 본인 변호의 기회를 주어야만 되고, 그렇게 되면 히틀러가 법정에서 연설을 하게 되기 때문에, 그의 이야기는 듣고 싶지 않다는 속내도 있었던 것 같습니다. 그러나 4월 30일에 히틀러가 자결함으로써 그런 우려가 없어지게 되었고, 5월에 국제재판 방식에 동의하게 된 것입니다.

1945년 6월부터 런던에서 미·영·프·소의 4대국에 의한 협의가 시작되어 마침내 8월 8일 연합국 4개 국은 런던 협정, 즉 '유럽 추축국의 중요 전쟁범죄인의 소추 및 처벌에 관한 협정'을 맺었습니다. 이 부속문서에서 국제군사재판소 조례가 정해졌습니다. 조례 제6조에서 '어떤 범죄를 취급할 것인가'가 정해졌습니다. 제6조에는 국제군사재판소가 관할하는 범죄로서 A항에 침략전쟁의 계획, 준비, 수행 등의 평화에 대한 죄, B항에 통상의 전쟁범죄, 즉 전쟁 법규 또는 관례의 위반, C항에 인도(人道)에 대한 죄 등이 정해졌습니다.

여기에서 유래하여 A급, B급, C급이라는 용어가 생겨났습니다. 평화에 대한 죄는 A급 전쟁범죄가 됩니다. 일본어 뉘앙스로는 A급이라고 하는 것이 가장 무겁고 혹은 가장 중요하다는 이미지가 있습니다만, ABC라고 하는 것은 죄의 정도와는 관계가 없습니다.

A급 전범재판과 GHQ[10] 재판

일본에 대한 전범재판에는 3가지 형태가 있습니다. 도쿄재판, GHQ 재판, B·C급 전범재판입니다.

도쿄재판은 A급 전범재판입니다. 이는 A급 범죄로 소추된 피고인을 다룬 재판입니다. 피고는 A급 전쟁범죄인을 약칭하여 A급 전범이라 불립니다. 다만, 오해가 없도록 언급해두자면 그들은 결코 A급 범죄만으로 기소된 것이 아니라, 대부분은 B·C급 범죄로도 기소됩니다. 엄밀하게 말하면 B급 범죄뿐이었습니다. 도쿄재판은 A·B·C급의 3가지 전쟁범죄에 대한 관할권을 가지고 있어서 실제로 A급과 B급의 전쟁범죄를 재판하였습니다. A·B급 재판이라고 칭하는 것이 정확하지만 일반적으로 A급 재판, A급 범죄라고 말합니다. 평화에 대한 죄를 재판하는 것은 일국의 재판소가 아닌,

10) GHQ: 연합국군 최고사령관 총사령부(GHQ/SCAP=General Headquarters, Supreme Commander for the Allied Powers). 1945년 10월 2일부터 샌프란시스코 강화조약이 발효된 1952년 4월 28일까지 6년 반 동안 일본을 통치한 점령군 총사령부로 연합군의 기관이었지만 점령의 실권을 장악한 것은 미국이었고 총사령관은 미국의 맥아더였다.

국제법정에 의해야 한다는 주장이 연합국 내에서 계속 제기되었기 때문에
국제법정이 설치되었습니다.

　이해하기 어려운 것은 GHQ 재판입니다. 이는 GHQ가 정한 규정에 따
라 행해진 전범재판으로 실질적으로는 미국 단독으로 한 것이지만, 국제
법정 형태를 취했습니다. GHQ 자체가 연합군 조직이기 때문에 다국적군
인 것입니다. 뉘른베르크 재판의 경우는 후에 뉘른베르크 계속재판이 행
해지는데 GHQ 재판은 이에 해당됩니다. 뉘른베르크 계속재판은 상당히
여러 차례 행해졌지만, GHQ 재판은 2건으로 2명에 대해서만 재판을 하였
습니다.

　GHQ 재판이 행해진 이유는 도쿄재판은 당초에 2회, 3회로 계속해서 실

시될 예정이었습니다. 그러나 단기간에 끝날 것이라고 예상하였지만 결국 판결까지 2년 반이나 걸렸습니다. 다른 사정도 있어 미국은 더 이상 도쿄재판을 실시하는 것에 대해 포기했습니다. 그래서 2회 이후 소추하기 위해 구금해왔던 용의자 일부를 재판하려고 했던 것이 GHQ 재판입니다. 그러므로 군의 거물이 기소되어 준A급 재판이라고도 불립니다. 실제로 기소된 용의는 통상의 전쟁범죄, 즉 B급 범죄입니다.

B · C급 전범재판

마지막으로 B · C급 전범재판입니다. A급과 B · C급이라는 표현은 미국식이며, 영국 등에서는 주요 전쟁범죄(인)⟨major war crimes(criminal)⟩, 경전쟁범죄(인)⟨minor war crimes(criminal)⟩이라고 말합니다. minor를 '가벼운'이라고 번역하면 가벼운 범죄라는 뉘앙스 때문에 적당하지 않다고 생각되지만, 다른 적당한 말이 없어 이렇게 번역되고 있습니다. 통상의 전쟁범죄와 인도에 대한 죄를 다루었기 때문에 B · C급 전범재판이라고 합니다. 나라에 따라서는 B급 범죄만을 다룬 곳도 있지만 묶어서 B · C급 재판이라고 합니다.

B · C급 범죄에 대한 재판은 각국에서 행해졌습니다. 원래 통상의 전쟁범죄에 대해서는 피해국이 스스로 규정을 만들어 그 재판소에서 범죄인을 재판하는 것이 전시 국제법으로 인정되었기 때문입니다. 다만, 일부 재판은 복수의 나라가 관여한 국제법정 성격의 방식으로 행해진 곳도 있습니다. 자세히 설명할 여유가 없기 때문에 제가 집필한 책 (『BC급 전범재판』)을 참조해주십시오.

다소 이야기가 복잡한 것은 이 B · C급 재판이 B · C급 범죄만을 다루었다고는 말할 수 없다는 점입니다. 호주가 만든 재판 규정에는 평화에 대한 죄도 호주 독자의 재판소에서 재판하는 것이 가능하도록 되어 있습니다. 도쿄재판의 재판장이었던 웹(William F. Webb)은 호주의 전범정책에도 중요한 역할을 했습니다만, 처음부터 미국을 신용하지 않았습니다. 그는 미국은 분명히 전쟁 지도자를 정치적으로 다룰 것이며 천황을 재판하지 않을 것이라고 의심하였기 때문에 호주 단독으로 A급 전범에 해당되는 자를 재판할 수 있도록 한 것이었지요. 중국도 이유는 확실하지 않습니다만 평화에 대한 죄를 재판할 수 있는 법률을 만들었습니다.

그러나 실제로는 A급 전범의 취급은 미국과의 힘 관계에 의해 정해졌습니다. 그러므로 결국 개별 국가가 A급 전범을 재판한다는 것은 실현되지 못했습니다. 실제로 A급 범죄와 A급 전범을 재판한 것은 도쿄재판뿐입니다. 따라서 일반적으로 A급 재판과 그 외 B · C급 재판이라고 구별을 합니다만 도쿄재판에서도 B급 범죄를 재판하였고, A급 재판인 도쿄재판과 B · C급 재판과는 상당히 중복되는 내용을 포함하고 있습니다.

재판을 실현시킨 중소 국가의 목소리

이상의 경과에서 알 수 있듯이 전쟁범죄인을 재판한다는 목소리는 통상의 전쟁범죄의 경우와 평화에 대한 죄의 경우 모두 미영 등의 대국에서 나온 것이 아닙니다. 피해를 받은 중소 국가에서 그러한 목소리가 나왔던 것입니다.

그 이유로 제2차 세계대전에 의해 이들 나라들이 상당히 비참한 상황에 처한 것과 이러한 상황을 또 다시 되풀이하기 싫다는 인식이 국제적으로 높아졌던 점을 들 수 있습니다. 또한 각국의 법률가와 평화운동가의 목소리도 강했습니다. 이들의 목소리는 즉결처형이 아니라 제대로 된 국제법정의 장을 마련해서 법으로 심판해야 된다, 두 번 다시 이러한 일이 일어나지 않도록 하기 위해서도 그러한 국제법을 확립해야 한다는 주장이었던 것입니다.

그러한 목소리가 연합국전쟁범죄위원회에 모아져, 그 주장을 미국이 이어받은 것입니다. 그 후 미국이 왜곡한 측면도 있지만, 도쿄재판은 미국이 마음대로 승자의 논리로 시작한 것이라는 설명은 너무도 일방적인 것이라고 할 수 있습니다.

3. 도쿄재판

뉘른베르크 재판과 도쿄재판

다음은 도쿄재판의 문제입니다. 도쿄재판은 미국에 의한 정치적인 재판이고, 평화에 대한 죄를 다룬 재판 등으로 보는 시각이 적지 않습니다. 그러나 일본에서의 도쿄재판에 대한 이해는 상당히 일면적 또는 사실에 맞지 않는 경우가 적지 않습니다. 여기서는 몇 가지 점에 대해서 언급해보겠습니다.

뉘른베르크 재판 방식이 결정된 것은 1945년 8월 8일이고, 미국이 도쿄재판의 기본 방식을 정한 것은 1945년 10월입니다. 맥아더는 국제재판에 반대하였습니다. 미국이 단독으로 재판을 하면 된다는 생각이었습니다. 맥아더는 미국 정부의 의향에 저항하였지만 미국 정부가 이를 억제하였습니다.

뉘른베르크 재판은 미국, 영국, 프랑스, 소련 4개 국이 대등한 형태로 관련되어 있습니다. 그러나 도쿄재판은 미국 주도형이기 때문에 주석검찰관은 미국인뿐이었습니다. 그 외의 나라는 모두 부검찰관입니다. 뉘른베르크 재판에서는 4개 국에서 각각 주임검찰관이 나왔습니다. 그렇지만 도쿄재판에서 미국이 마음대로 할 수 있었다고는 할 수 없습니다. 재판관은 11명으로 각국에서 파견되었습니다. 미국은 의도적으로 호주에서 재판장을 선출했습니다. 웹이었습니다. 웹은 앞에서 언급했듯이 미국에 불신감을 갖고 있었습니다. 판사단 중에 미국인 판사는 1/11에 지나지 않습니다. 또한 검찰단 내에서도 분명히 주석검찰관은 미국의 죠지프 키넌(Joseph B. Keenan)뿐이었지만 다른 10개국에서 부검찰관이 나와 검찰단 회의가 이루어졌기 때문에 다수가 주장하는 쪽을 키넌 혼자서 거부하는 것은 쉽지 않았습니다. 실제로 검찰 방침은 키넌의 방침과는 달리 정해진 것도 있었습니다. 이에 대해서는 후에 말씀드리겠습니다.

도쿄재판의 피고

피고의 선정 과정 등은 아와야 겐타로(粟屋憲太郎)씨의 『도쿄재판으로의 길』이라는 책에 자세히 쓰여 있기 때문에 꼭 읽어보시기를 바랍니다. 최종적으로는 28명의 피고를 각국의 의견을 받아들여 결정합니다. 그 피고들의 재판이 제1차이고, 이후 계속해서 재판을 진행할 예정이었습니다. 제1차로 선정된 피고는 15년전쟁[11]의 각 단계에서 주된 역할을 한 책임자들입니다. 육군, 해군, 정치가, 관료 등 각 분야의 주요 인물들이 선정되었습니다.

기시 노부스케(岸信介)[12]도 피고의 후보에 포함되어 있었습니다. 그렇지만 기시와 같은 경제분야의 관료 및 지도자로 최종적으로 호시노 나오키(星野直樹)[13]가 포함됩니다. 분야의 균형상, 경제 관계는 1명이 되었습니다. 호시노 쪽이 기시보다 선배였기 때문에 호시노가 포함되었습니다. 계속하여 도쿄재판이 이루어졌더라면 기시도 기소되었을지도 모르지만 결국 제2차 재판이 무산되었기 때문에 기시는 기소되지 않았습니다.

11) 15년전쟁: 만주사변, 중일전쟁, 태평양전쟁을 연속선상에서 파악하는 관점에서 제시된 명칭으로 만주사변이 발발한 1931년부터 태평양전쟁을 종결한 1945년까지 15년 간의 전쟁을 말한다. 태평양전쟁이라는 명칭이 미국과의 전쟁만을 부각시켜 1931년 만주사변에서 시작된 일본의 아시아 침략 과정을 누락시킨다는 점에서 철학자 쓰루미 슌스케(鶴見俊輔)가 처음 사용하였다.

12) 기시 노부스케(岸信介): 도쿄제국대학 법학부 졸업 후 농상무성에 들어갔다. 1936년에 만주산업개발 5개년 계획을 실시해 책임자로 일했다. 1941년에 도조 내각의 상공대신, 1943년에 국무대신 겸 군수차관을 역임해 전시경제체제의 실질적 최고 지도자로서 전시경제 정책을 주도하였다. 패전 후 A급 전범 용의자로 체포되었으나 석방되었다. 공직추방 해제 후 정계에 복귀하여 1957년 수상을 역임하여 전후 보수정치를 이끌었다.

13) 호시노 나오키(星野直樹): 1917년 도쿄제국대학 법학부 졸업 후 대장성에 들어갔다. 1932년 만주국 관리, 1937년 국무원 총무장관으로 만주국 운영에 크게 영향력을 행사하였다. 1940년 제2차 고노에 내각의 기획원 총재, 1941년 도조 내각의 서기관장을 역임하였다. 패전 후 도쿄재판에서 A급 전범으로 종신형이 언도되었으나 1955년 석방되었다.

도쿄재판의 피고인석

　요미우리신문이 '전쟁책임'에 대한 연재기사를 게재하였고, 후에 같은 제목의 책을 발간하였습니다.[14] 기사의 일환으로 각 단계의 전쟁책임자 명단을 실었습니다. 이 기사를 보면 도쿄재판의 주요 피고는 모두 포함되어 있습니다. 요미우리신문이 열거한 전쟁책임자와 도쿄재판의 피고는 대다수가 겹칩니다. 천황을 면죄하고 있는 것도 마찬가지입니다. 말하자면, 요미우리의 검증은 도쿄재판 사관 그 자체라고 말할 수 있을 것입니다. 이런 면을 보더라도 도쿄재판의 피고 선정은 엉터리가 아니라 의외로 타당했다고 말할 수 있을 것입니다. 물론 천황을 제외하는 등의 문제점도 많습니다.

14) 讀賣新聞社, 『檢證 戰爭責任』 1, 2, 中央公論新社, 2006年.

미국의 생각대로 되지 않은 면도 있다

주석검찰관은 미국의 키넌입니다. 키넌은 처음부터 평화에 대한 죄와 진주만 공격만을 다루려고 했습니다. 각국에 대한 잔학행위, 즉 B급 범죄에 대해서는 다루려고 하지 않았습니다. A급만으로 충분하다는 것이었습니다. 맥아더도 진주만 공격을 중시하였으며 그 외의 B·C급 범죄에는 별로 관심이 없었던 듯합니다.

그러나 각국의 검찰관은 이래서는 안 된다며 각국이 입은 피해, 특히 통상의 전쟁범죄에 해당하는 방대한 잔학행위도 다루어야 한다고 주장했습니다. 도쿄재판에 제출된 일본군이 저지른 전쟁범죄의 증거 서류는 방대하였는데, 그 서류들은 미국의 의사에 반하는 각국의 주장이 받아들여져 제출된 것입니다.

도쿄재판에서 판결문을 작성한 것은 재판관 11명 중 다수파인 7명입니다. 미국, 영국, 소련, 중국, 캐나다, 뉴질랜드, 필리핀입니다. 소수의견을 낸 4개 국은 호주, 프랑스, 네덜란드, 인도입니다.

다수파가 도쿄재판의 결정 내용을 작성했습니다만, 미국 판사의 영향은 미미합니다. 소련은 사형판결에는 반대하였습니다. 소련은 당시에 사형제도가 없는 나라였습니다. 또한 소련은 천황의 소추(訴追)를 주장하지 않았습니다. 검찰단 회의에서 천황 소추를 주장한 것은 호주뿐이었습니다. 이런 점에서 보면, 어떤 의미에서는 소련이 제일 관대했다고 말할 수 있습니다. 웹도 사형판결에는 반대했습니다. 그 이유 중의 하나는 천황이 면책되어 있는 점입니다. 당시 일본의 최고 지도자가 처벌되지 않았는데 그의 가신들을 사형하는 것은 '정의의 요구'에 맞지 않다고 생각했기 때문이겠죠.

A급 범죄만으로 사형을 당한 자는 없다

판결은 어떤 것이었을까요? 피고가 28명이었지만, 도중에 사망, 또는 면소된 사람을 빼고 25명에게 판결이 내려졌습니다. 소인(訴因)과 형량의 관계에 대해 보면, 교수형을 당한 사람은 모두 B급 범죄에 해당하는 소인으로 유죄가 인정되었습니다. 바꾸어 말하면, 평화에 대한 죄만으로 유죄가 된 경우에는 사형이 되지 않았습니다. 따라서 B급에서는 무죄이고 다른 소인으로 유죄가 된 사람은 사형되지 않았습니다. 논리적으로 생각하면 만약 당초에 미국이 생각한 대로 B급 범죄가 다루어지지 않았다면, 도쿄재판의 판사단은 사형판결을 내리지 않았을 수도 있었으리라 생각합니다. 미국의 생각대로 진행되지 않았기 때문에 사형판결이 내려졌다고도 할 수 있습니다. 판결을 보면 의외의 상황을 알 수 있습니다.

외무대신과 수상을 지낸 히로타 고키(廣田弘毅)[15]는 사형에 처해졌습니다. 문관으로서는 유일하게 사형되었다는 점에서 일본 국내에서는 히로다의 사형판결에 대한 평판이 좋지 않습니다. 그의 사형은 판사단에서 6 대 5로 결정되었습니다.

국내에서는 평판이 나쁘지만, 히로타에 대한 판결은 국제적으로 보면 현

---

15) 히로타 고키(廣田弘毅): 1933~34년에 외무대신, 1936년 3월에서 1937년 2월까지 내각총리, 1937년 6월에서 1938년 5월까지 제1차 고노에 내각의 외무대신을 지냈다. 중국 침략전쟁을 일으킨 주모자이며 난징 대학살 시기의 외교책임자였으므로 도쿄재판에서 A급 전범 가운데 유일하게 문관으로 교수형을 선고받았다. 죄목은 '침략전쟁의 공동모의', '만주사변 이후의 침략전쟁', '전쟁법규 준수의무 무시'의 3가지 소인으로 유죄 판결이 내려졌다.

재도 살아 있습니다. 1998년 르완다 국제형사재판소[16]의 판결에서 문민으로 서 시장인 아카에스(Jean-Paul Akayesu)가 조직적인 잔학행위로 유죄가 되었 습니다. 판결 당시에 도쿄재판의 히로타 판결이 판례로 언급되었습니다. 히 로타에 대해서는 난징학살사건의 문관 측 책임을 물은 것입니다만, 문관의 책임을 어떻게 추궁할 것인가에 대한 하나의 중요한 선례가 되었습니다.

재판은 미국의 의도대로 되지 않았습니다. 뉘른베르크 재판은 비교적 빨 리 끝났지만, 도쿄재판은 그 진행 속도가 느렸습니다. 재판이라는 형식을 취한 이상 입증의 엄밀함, 반증의 기회부여 등으로 인해 상당히 시간이 걸 렸습니다. 문서 번역, 법정에서의 통역도 번거로웠습니다. 이로 인해 미국 은 도쿄재판 같은 국제재판은 두 번 다시 하고 싶지 않다고 생각한 듯합니 다. 미국의 의도대로 되었다면 한 번 더 재판이 열렸을지도 모릅니다. 따라 서 도쿄재판은 처음부터 각본이 짜여진 미국에 의한 사기극이라는 논의는 그 자체가 정치적인 왜곡이라고 할 수 있습니다.

미일합작이라는 성격도 있다

도쿄재판의 성격에 대해 도쿄재판의 피고 선정 과정 등을 분석해 미일합 작이라든지, 미국에 의한 승자의 재판이라고 단순화해서 보아서는 안된다

16) 르완다 국제형사재판소(International Criminal Tribunal for Rwanda): 1994년 르완다에서 전체 인구의 85%를 차지하는 후투족과 벨기에 식민 시절의 지배층이었던 투치족 사이에 내전이 일어나 투치 족 80만 명과 온건파 후투족 수만 명이 살해된 사건을 계기로 설치되 었다. 국제연합은 르완다 전범을 재판하기 위해 1994년 말 탄자니아 에 있는 아루샤에 임시로 국제사법기구인 르완다 국제형사재판소를 설립하였다. 현재 18명의 비상임 재판관이 있으며, 임기는 4년이다. 르완다 국제형사재판소장의 요청이 있을 경우 유엔 사무총장이 비상 임 재판관을 임명한다.

는 연구가 최근에 유력해지고 있습니다. 실제로 일본 천황의 측근들 또는 해군관계자나 외교관들이 뒤에서 미국과 의사소통을 꾀하면서 피고 선정이나 증거 제공에 협력하여 재판을 진행한 사실이 상세하게 밝혀지고 있습니다.

일례를 소개합니다. 재판이 시작되기 전인 1946년 3월 6일 맥아더의 측근 펠러스(Bonner Fellers) 준장이 천황에게는 책임이 없다는 점을 일본 측에서 입증하고, 도조 히데키(東條英機)[17]에게 모든 책임을 지웠으면 좋겠다는 이야기를 요나이 미쓰마사(米內光政)[18]에게 합니다. 해군대장이며 전 수상

진주만 기습공격으로 태평양전쟁을 개시한 도조 히데키

17) 도조 히데키(東條英機): 1937년 관동군참모장에 취임하여 중일전쟁을 추진하는 역할을 하였다. 1941년 10월 제40대 내각총리대신 겸 내무대신, 육군대신에 취임하였고, 같은 해 12월에 진주만 기습공격을 단행해 태평양전쟁을 개시하였다. 도쿄재판에서 A급 전범으로 기소되어 스가모형무소에서 1948년 12월 23일 사형되었다.

18) 요나이 미쓰마사(米內光政): 연합함대 사령장관, 해군대신, 제37대 총리대신을 역임하였다. 해군 내의 조약파, 친영미파로 미일 개전에 반대하였으며 마지막 해군대신으로 일본을 종전으로 이끄는 데 공헌하였다.

이었던 요나이는 도조와 시마다 시게타로(嶋田繁太郎)[19](해군대장. 도조 내각의 해군대신)에게 모든 책임을 지게 히는 것이 최선이라고 대답하고 이를 위한 공작을 합니다. 즉, 재판이 시작되기 전부터 미국과 일본이 협력해 각본을 썼던 것입니다. 증거서류의 준비, 법정심문에 대해서도 미국과 일본 간에 은밀히 협의하며 천황에게 누가 되지 않도록 진행시켜갔습니다.

이때 미국과 내통하던 세력이 후에 요시다 시게루(吉田茂)[20] 내각을 지탱하는 세력, 즉 보수본류가 됩니다. 자세한 것은 생략합니다만, 도쿄재판은 승자의 재판이며, 일방적인 재판이라는 주장이 있습니다. 그러나 오히려 미국과 일본의 합작으로 진행되었다는 성격이 강한 것입니다. 미국으로서는 새로운 동맹자를 만드는 수단이었다고도 할 수 있습니다. 일본 측도 그 각본에 호응해 자신들의 생존을 도모했다고 할 수 있습니다. 즉, 일부의 흉악한 육군 군인들이 평화적인 천황과 그 측근들, 정치가, 관료 등을 협박해 대미전쟁을 추진했다는 태평양전쟁관을 미국과 일본이 한통속이 되어 창작한 것입니다. 도쿄재판 사관이라는 것이 있다면 이러한 전쟁관일 것입니다. 이는 미국과 일본의 지배층이 만든 것입니다. 전후 역사학은 오히려 이 점을 비판하여 도쿄재판에서 면죄받은 자들의 전쟁책임을 추궁하였고, 중국 등 아시아 각국과 지역에 대한 침략 사실을 중시해왔다고 할 수 있습니다.

19) 시마다 시게타로(嶋田繁太郎): 1941년 10월부터 1944년 7월까지 도조 내각의 해군대신을 역임했다. 종전 후 A급 전범으로 기소되었으나 자기 변호를 잘해서 종신금고형을 언도받아 1955년에 석방되었다.

20) 요시다 시게루(吉田茂): 전전에 외무차관, 주영대사를 역임하였다. 주영대사 시절에 영일 친선을 도모하였고 태평양전쟁 전에는 개전을 저지하기 위해 노력하기도 하였다. 전후에 외무대신을 거쳐 내각총리대신을 역임하였다. 그는 '요시다 독트린'이라고 하는 관료와의 연합, 헌법 개정에 대한 소극적인 태도, 경제중시, 안전보장에서의 미국 의존과 최소한의 재군비 등을 추구해 보수본류라는 일본 정치의 틀을 확립하였다.

731부대장 이시이 시로(石井四郎)
육군 중장이었던 이시이 시로는 731부대를 창설
하고 인체실험을 통해 세균 무기를 개발하였다.

재판받지 않은 자, 재판받지 않은 범죄

도쿄재판에서 재판받지 않은 자들로는 천황과 궁중그룹, 외무성을 비롯
한 관료, 해군, 재계, 정치가들, 소위 '영미파', '온건파'라고 불리는 세력이
있습니다. 이들 대다수는 확실히 광신적인 전쟁추진파라고는 할 수 없지만
그들의 협력 없이는 전쟁을 수행할 수 없었던 것도 분명합니다.

재판받지 않은 잔학행위로는 731부대[21]가 행한 세균전이나 화학전이 대

---

21) 731부대: 제2차 세계대전 당시 일본 육군 내에 설치한 연구기관으
로 정식 명칭은 관동군 방역급수부 본부이다. 만주에 있는 병사들의
감염예방을 위한 위생적인 급수 시스템 연구가 주임무였으며 세균전
에 사용할 생물무기의 연구 및 개발을 담당하였다. 이곳에서는 생물
무기개발을 목적으로 본인 동의 없이 인체실험과 실전 테스트까지 행
했다.

표적입니다. 당시 중국은 국민당 정부이었던 점도 관련되어 삼광작전[22]과 같은 공산당 지구에서의 일본군에 의한 잔학행위는 다루어지지 않았습니다. 식민지 지배도 무시되어 조선인의 강제연행, 강제노동, 조선 여성의 일본군 '위안부'로의 동원이 전혀 다루어지지 않은 채 끝나버렸습니다. 일본군이 충칭 등에서 일으킨 시민에 대한 무차별 공습[23]도 면책되었습니다.

난징대학살 사건의 한 장면
1937년 중국의 수도 난징과 주변 지역에서 일본군은 중국인 포로·일반시민을 무차별 학살했다.

22) 삼광작전(三光作戰): 일본군이 침공한 지역에서 민중 저항의 거점이 되는 부락을 불태우고, 저항할 가능성이 있는 민중을 모두 죽여버리는 일본군의 숙정소탕작전(肅正掃蕩作戰)이다. 중국인들은 이를 '모조리 불태우고, 다 빼앗고, 모두 죽인다'는 의미에서 삼광작전이라고 불렀다.

23) 중일전쟁 당시 일본군은 국민당 정권의 임시수도였던 충칭에 1938년 12월 4일부터 1943년 8월 23일까지 218번에 걸쳐 전략폭격을 하였다. 중국 측 자료에는 사망 11,800명, 가옥 전소 17,600동으로 기록되어 있다.

그 일은 연합군, 특히 미군의 무차별공습,[24] 원폭투하를 면책하는 것과 관련이 있습니다. 도쿄 대공습을 지휘한 당시 마리아나기지[25] 제21폭격집단 사령관 커티스 르메이[26] 소장 (훗날 미 공군참모총장)에게 항공자위대 육성에 공헌했다는 특별한 이유로 1964년에 사토 에이사쿠(佐藤榮作) 수상이 훈장(勳一等旭日大綬章)을 수여한 것은 보수본류와 미국 지배층과의 깊은 유착관계를 보여줍니다.

도쿄재판에서의 '위안부' 문제

도쿄재판에서 다루지 않았다는 점과 관련해 도쿄재판을 포함한 전범재판에서 전시 성폭력, 특히 일본군 '위안부' 문제를 다루지 않았다는 논의가 있습니다. 하지만 이 논의가 반드시 정확하다고는 할 수 없습니다.

24) 1942년 4월 미국 항공모함에서 발진한 육군기 16기가 도쿄 등을 최초로 공습한 이래 6월에는 대형 신예 폭격기인 B29가 규슈를 폭격하였다. 1944년 마리아나제도가 함락되자 11월에 기지를 건설한 뒤부터 폭격이 본격화하였다. 당초에는 군수공장이 중심 목표였으나 1945년부터는 일반 민중의 무차별 살상을 목적으로 하는 대도시 폭격이 본격화되어 3월 10일의 도쿄 대공습은 2시간 반 동안의 폭격으로 8만여 명이 사망하였다. 이후 나고야, 오사카, 고베 등 대도시를 폭격하였고 6월 이후부터는 지방 중소 도시와 군수공장을 대상으로 하였다. 원폭 피해를 제외하고도 본토 공습에 의한 피해는 대략 사망자 25만 6천 명, 전소 가옥 221만 동과 피해자가 921만 명에 이르는 것으로 추정된다.

25) 마리아나기지: 태평양 중서부에 위치한 마리아나제도는 태평양전쟁 당시 일본군의 주둔지였으나 1944년 7월에 연합군이 탈환한 후에는 일본 본토 공습기지로 이용되었다. 일본 패잔병들이 항복하지 않고 절벽에서 뛰어내렸던 만세절벽, 자살절벽이 있다. 스페인에 이어 1899년 독일, 1914년 일본, 제2차 세계대전 이후 미국의 지배를 받고 있다.

26) 커티스 르메이(Curtis Emerson LeMay): 제2차 세계대전 당시 미국 군인이며 전략폭격 전문가로 도쿄 대공습을 비롯하여 일본의 초토화 작전을 입안했다. 전후에 그 공적을 인정받아 공군중장으로 승진하였고 냉전기에는 전략항공군단사령관과 공군참모총장을 역임하였다.

도쿄재판에서도 네덜란드 검찰관은 '위안부' 강제 사건에 대해 4건의 증거서류를 제출하여 추궁했습니다. 그 중 1건은 네덜란드 여성, 3건은 아시아 여성이 피해자입니다. 프랑스 검찰관도 베트남 여성의 피해에 관해 증거를 제시했습니다. 중국도 제시했습니다. 그리고 판결에서는 중국의 경우에 관해 언급하고 있습니다.

무라야마 전 일본 총리와 태평양전쟁 희생자 및 유가족과의 만남

명백히 불충분하다고 할 수 있지만 '위안부' 문제가 무시되었던 것은 아닙니다. 적어도 검찰단 안에서는 일본군에 의한 '위안부' 강제가 전쟁범죄라는 인식은 있었다고 이해할 수 있습니다. 또 강간에 관해 검찰 측은 수많은 증거를 제출하여 그 잔혹함을 추궁하고 있습니다. 난징 사건을 다룬 재판에서는 강간에 관해 많은 증거서류를 제출하여 추궁하였습니다. 이런 점에서

도쿄재판은 전시 성폭력을 상당히 다룬 전범재판이고, 불충분하지만 그 역사적인 의의를 인정해야 되지 않을까 생각합니다.

다시 말하자면 도쿄재판은 결코 A급 범죄만을 다룬 재판이 아니며, 검찰단은 상당한 정도로 B급 범죄, 즉 통상의 전쟁범죄를 다루어, 그에 관한 많은 증거서류를 제출하여 추궁하였던 것입니다. B급 범죄는 판결에서도 상세히 언급되어 형량의 판단을 내릴 때에도 중시되었습니다. 문제는 이것을 인식하지 못했던 일본인의 의식에 있는 것이 아닐까 생각합니다.

미국과 일본의 합작론은 도쿄재판의 중요한 측면을 포착하고 있습니다만, 그것만으로는 불충분하다고 생각합니다. 반복해서 언급하지만 도쿄재판이나 B·C급 재판이 행해진 배경에는 전쟁피해를 받은 중소국의 분노, 또한 그러한 잔학행위를 방치할 수 없다는 국제법학자들의 분노가 있고, 전쟁피해를 밝혀서 가해자에게 법의 심판을 받게 해야 한다는 사람들의 요구가 전범재판을 열게 했다는 점입니다. 그것이 국제재판을 열게 한 원동력이라고 생각합니다. 거듭 말하지만 승자의 논리만으로 진행된 재판이 아니라는 측면도 있다는 것을 반드시 인식해야 합니다.

4. B·C급 전범재판에 대하여

B·C급 전범재판의 개요

다음으로 B·C급 전범재판에 대해 다루겠습니다.(표 1 참조)

〈표 1〉 대일 B·C급 전범재판의 재판국별 결과개요

	합계	미국	영국	호주	네덜란드	프랑스	필리핀	중국
건 수	2,244	456	330	294	448	39	72	605
인원 수	5,700	1,453	978	949	1,038	230	169	883
사형 판결		255	281	225			79	
사형 확인	984	143	223	153	236	*63	17	149
사형 최종 확인	934	140	223	153	226	26	17	149
무기·유기형	3,419	1,033	556	493	733	**135	114	355
무죄	1,018	188	116	267	55	31	11	350
기타	279	89	83	36	14	1	27	29

*그 중 37명은 부재판결, **그 중 6명은 부재판결.

(출전) 法務大臣官房司法制調査部,『戰爭犯罪裁判槪史要』.

(주)·그 외 중화인민공화국 재판이 45명(모두 유기형), 소련 재판(인원수 불명, 대략 3,000명 추산)이 있다. '기타'는 기소철회, 공소기각, 판결 불승인, 병으로 인한 귀국, 도망, 결과 불명 등.
·이 표는 판결이 아니라 형이 확정된 인원 수를 나타내고 있다. '사형확인', '무기·유기형', '무죄', '기타'의 4개 항목 합계가 피고 '인원수'가 된다. '사형확인' 중 프랑스의 부재판결 37명을 제외한 13명이 더 감형되어 '무기·유기형'으로 추가되었다. 따라서 '무기·유기형'의 최종 인원은 3,432명(부재판결 6명 포함)이 된다.
·각국의 재판자료와는 숫자가 다른 것이 대부분이어서 대략적인 숫자임을 이해해주기 바람.
(林博史,『BC級戰犯裁判』, 岩波新書, 2005年, 61쪽에서)

　　일본에 대해 B·C급 재판을 행한 나라는 7개 국이 있습니다. 지역적으로는 아시아 전 지역입니다. 여기에는 소련이 포함되지 않습니다. 소련의 경우, 실태파악이 어려우며 몇 명이 재판되었는지도 잘 모르기 때문에 넣지 않았습니다. 중국은 중화민국, 즉 국민당 정부와 중화인민공화국이 있습니다. 소련을 포함하면 8개국 9개 정부가 됩니다. 엄밀히 말하자면 미국과 영국은 일부는 국제재판 방식을 취하고 있습니다.

재판된 전체 인원은 일본 정부 자료의 숫자와 각국의 숫자와는 상당한 차이가 있습니다. 일본 법무성 데이터는 기본적으로는 비공개입니다. 여기서 제시한 법무성 자료는 고서점 등에서 입수해 복사한 것입니다. 표면상 비공개로 되어 있는 자료입니다. 영국, 호주, 일부 미국의 경우, 그 나라의 자료를 사용했지만 그 외 국가는 비공개로 되어 있는 법무성 자료를 사용했습니다.

일본 측의 자료에서는 전체 5,700명으로 이 자료에는 소련이 제외되어 있습니다. 사형이 최종적으로 확정된 사람이 934명입니다.[27] 그렇지만 도망간 사람도 있어 집행된 사람은 약 930명 정도입니다. 재판기록과 수사기록 등은 방대한 양입니다. 미국이 가지고 있는 수사파일의 특정 분야만 해도 박스로 약 4,000상자입니다. 저도 전부 읽지 못했습니다. 영국 수사기록은 거의 전부를 살펴보았습니다. 1년간 런던에 있었기 때문에 수사기록과 속기록을 포함하여 재판기록을 전부 검토했습니다. 처음부터 끝까지 꼼꼼하게 읽었던 것은 아니고 개략적으로 살펴보았습니다.

호주는 대부분 공개되어 있어 어느 정도는 살펴보았습니다. 중국(타이완)은 조사를 행한 연구자를 통해 자료를 보았는데 아직 비공개 자료도 적지 않은 듯합니다. 국공내전(국민당과 공산당의 내전)으로 잃어버린 자료

---

27) B·C급 전범 중에는 조선인 148명(23명 사형), 타이완인 173명(21명 사형)이 포함되어 있다. 조선인 전범으로 사형을 당한 사람은 군인 3명(1명은 필리핀의 섬에서 포로수용소장으로 복무), 통역 16명, 포로수용소의 감시요원 4명이다. 일본은 포로감시원으로 조선에서 약 3,000명의 청년을 모집하여 군사훈련을 시킨 뒤 1942년 8월부터 이들을 동남아시아 각지의 포로수용소로 보냈다. 일본은 이들 감시원에게 제네바조약 등의 전시국제법을 교육시키지 않았으며, 상관에게 절대복종할 것만을 철저히 주입시켰다. 패전 후 B·C급 전범재판에 회부된 포로감시원들은 일본인 신분으로 재판을 받고 복역하였으나 1952년에 일본정부는 이들의 일본국적을 박탈하고, 조선인이라는 이유로 보상과 원호 대상에서 제외시켰다.

도 있을 것으로 생각합니다. 프랑스는 아직 살펴보지 못했습니다. 공개되지 않은 듯합니다. 네덜란드는 부분적으로만 공개하고 있고, 네덜란드어를 할 수 없는 관계로 잘 살펴보지 못했습니다. 네덜란드와 프랑스의 경우는 일본어 자료로 살펴보았습니다. 언어 독해 문제가 있어 제가 원본 사료로 읽은 것은 영어와 중국어 자료에 한정됩니다. 물론 일본어 자료도 살펴보았습니다.

다만 앞서 소개한 연합국전쟁범죄위원회는 각국 재판 자료가 모여 있는 곳입니다. 게다가 전부 영어로 번역되어 있습니다. 따라서 이 자료를 통해 영어권 이외의 상황도 자세히 알 수 있었습니다.

재판자료를 사용하지 않은 문헌이 많다

일본에서는 B·C급 전범재판을 부정적으로 다루는 경향이 있습니다. 많은 책이 나와 있고 지금도 매년 몇 권씩 출간되고 있습니다. 이들 다수에 공통되는 점은 피고의 주장만을 듣고 쓴다는 것입니다. 대다수가 제대로 된 재판기록을 사용하지 않고 있습니다. 재판관, 검찰관, 피해자에 대해 그들의 주장을 조사하지 않은 것이 대부분입니다. 특히 일본군 잔학행위의 피해자를 무시하고 있는 것이 많습니다.

보통 재판에 대해 쓸 때에는 기소내용, 검찰의 주장, 피해자의 주장, 피고·변호인 측의 주장, 재판소의 판단 등에 대해 제대로 조사하고 상호 검증한 후에 써야 하지만, 일본에서 출판되어 있는 B·C급 전범재판을 다룬 책에 공통되는 특징은 일본 측 주장밖에 쓰지 않는다는 점입니다. 때때로 미국 재판기록을 사용한 경우를 본 적은 있지만 그 외 일부를 제외하고는 없다고 해도 과언이 아닙니다.

여기에는 언어 문제도 있을 수 있습니다. 각국이 자기 나라 언어로 재판을 했기 때문에 어학이 뒷받침되지 않으면 재판기록을 읽을 수 없다는 점도 있을 것입니다. 그러나 그렇다고 하더라도 일방적인 견해와 기술뿐입니다.

인도에 대한 죄가 재판받지 않은 이유

B·C급 전범재판을 볼 때 일방적이지 않은 '복안적인 시점'이 필요합니다.

우선 일본의 경우 C급, '인도(人道)에 대한 죄'가 적용되지 않았습니다. 이는 한국과 타이완 등 식민지 문제를 재판하지 않은 것과 같은 이야기가 됩니다.

전쟁범죄는 어디까지 교전국 간의 적(敵)국민에 대한 범죄를 대상으로 하기 때문에 자국민인 식민지 민중에 대한 잔학행위는 재판대상이 되지 않았던 것입니다. 자국민에 대해서는 무슨 짓을 하든 전쟁범죄가 되지 않았던 것입니다. 예를 들면 오키나와에서 일본군이 오키나와 사람을 죽여도 전쟁범죄 대상은 되지 않는 것입니다.

다만 독일의 경우, 독일 국적의 유대인을 죽였을 때 전쟁범죄가 되지 않지만, 예를 들어 폴란드 국적의 유대인을 죽였을 경우 전쟁범죄가 되는 것은 이상하다, 양쪽 모두 같은 정책에서 나온 것으로 둘 다 비인도적인 행위인데 한쪽은 처벌받고 다른 한쪽은 처벌받지 않은 것은 이상하다며 연합국 전쟁범죄위원회에서 논쟁이 되었습니다. 그 결과 자국민이라 할지라도 그와 같은 조직적인 살육행위는 재판해야 한다는 결론이 나와 '인도에 대한 죄'가 등장하게 되었습니다. 그래서 홀로코스트는 '인도에 대한 죄'로서 재판되었는데 거기에서는 자국민 살육도 포함되었습니다.

그 성과는 현대에 이어져 1990년대 구 유고슬라비아 내전[28]의 집단살육도 '인도에 대한 죄'로 재판할 수 있게 되었습니다. 캄보디아 폴 포트 정권[29]의 행위도 '인도에 대한 죄'에 해당합니다. 자국민에 대한 조직적인 살육을 국제법상의 범죄로 보는 개념을 설정함으로서 재판할 수 있게 된 것입니다.

일본의 경우, 연합국은 왜 한반도에서의 강제연행, 강제노동 문제 등을 재판하지 않았던가 하는 것이 문제가 됩니다. 미국 자료를 보면 미국은 한반도에 대한 관심이 아주 적었던 것 같습니다. 덧붙여 말하자면 중국인의 강제연행에 대해서는 전범재판으로 재판합니다. 중국은 교전국이기 때문에 중국인 강제연행, 강제노동은 전쟁범죄가 됩니다. 이 점에 대해서는 뒤에서 언급하고자 합니다.

28) 유고슬라비아 내전(Yugoslav Wars): 구 유고슬라비아 연방 영토에서 1991년부터 2000년까지 수차례에 걸쳐 일어난 무력 분쟁으로 소비에트연방 붕괴 이후 유고슬라비아연방의 슬로베니아와 크로아티아가 독립을 요구하자 유고슬라비아가 슬로베니아를 침공함으로써 시작되었다. 전쟁은 슬로베니아→크로아티아→보스니아→코소보 등지로 확산되었으며 연방 유지를 주장하는 세르비아계 지도자들은 인종분리 정책을 취하였다. 보스니아 전쟁에서는 '인종청소'의 양상을 띤 약탈, 방화, 학살, 강간이 자행되어 1995년까지 25만 명이 목숨을 잃었으며, 코소보 전쟁에서는 국제감시단이 지켜보는데도 '인종청소'를 자행하였다.

29) 폴 포트 정권: 폴 포트(Political Potential)로 알려진 살롯트 사(Saloth Sar)는 캄보디아 공산당 크메르 루즈의 지도자로 1976년부터 1979년까지 캄보디아공화국의 총리였다. 재임기간 동안 국가 개조라는 명분 아래 강제적인 농업화 정책 시행과 강제노역, 고문, 대량학살 등으로 150여만 명이 사망했다. 특히 전문 지식인 층이 괴멸되어 캄보디아의 사회 기반은 큰 타격을 받았다. 1979년 베트남의 지원을 받은 헹삼린 정부가 들어서자 폴 포트는 밀림에 들어가 게릴라전을 펼치다가 체포되어 인민재판을 받은 후 가택 연금되었다가 1998년 4월에 사망했다.

여러 요소가 얽혀

　도쿄재판과 마찬가지로 종래의 일본에서는 B·C급 전쟁범죄에 대해서
는 승자에 의한 재판이라고 받아들이는 것이 일반적입니다. 그러나 그것은
문제를 극히 일면적으로 보는 견해입니다.

　일본인이 재판을 받았지만 일본인 내에서도 계급, 계층 구조가 있습니
다. 군의 중앙에서부터 현장의 장교, 하사관, 하급군인에 이르기까지 다양
합니다. 또한 당시 일본은 대일본제국이었기 때문에 여러 에스닉 그룹(민족
적 동일성을 기반으로 한 집단)이 있습니다. 예를 들어 조선인, 타이완인이
있었고, 오키나와인도 이에 가까운 처지였습니다. 사이판 등 남양제도의 차
모로[30] 사람 등도 일본의 지배 하에 있었기에 때문에 전범으로 재판을 받았
습니다. 그리고 당시 사할린에는 윌타[31]와 니브히[32] 등의 사람들이 있었습니
다. 이들도 재판을 받았습니다.

30) 차모로: 미크로네시아의 마리아나제도 원주민. 사이판 등 남양제
도는 제1차 세계대전 후부터 일본의 위임 통치를 받았고, 태평양 전쟁
말기에는 미국과 일본의 격전지가 되었다. 역사학자 이에나가 사부로
(家永三郎)의 연구에 의하면 이들 주민에 대한 가혹한 노역, 불법적인
학대와 수많은 학살이 있었던 것이 확인된다.

31) 윌타(Uilta): 사할린섬 북동부와 남부에 거주하는 소수민족. 어
로·바다 수렵·삼림 수렵을 주로 하며 오로크(Oroks), 나니(Nani)라
고도 한다. 일본은 1942년 일본 영토였던 남사할린에 살던 윌타족 젊
은이들을 소집하여 소련을 감시하도록 훈련과 첩보활동을 시켰으며,
패전 후 소련은 이들을 전범으로 체포해 대부분 시베리아 형무소로 보
냈다. 형기를 마친 후 일부가 일본으로 이주하여 홋카이도에 거주하
고 있다.

32) 니브히(The Nivkhs): 러시아의 극동지방 아무르강 하류와 사할린
또는 홋카이도 등지에 사는 민족이다. 예전에는 길랴크라 불리었고
자신들의 니브히어를 사용하고 있다. 현재 러시아에 대부분이 거주하
지만 제2차 세계대전 이전에 일본 영토였던 남사할린에 거주했던 사
람은 패전 후 홋카이도로 강제이송되거나 자진 이주하기도 하였다.

전범재판을 생각함에 있어 식민지 문제는 중요합니다. 일본뿐만 아니라 연합국에도 문제가 있었습니다. 예를 들어 영국 재판을 보면 싱가포르, 말레이 반도는 영국 식민지였습니다. 일본군은 거기서 많은 중국계 사람들에 대해 주민학살 등의 잔학행위를 했습니다. 피해자는 중국계 주민, 즉 화교입니다. 그런데 재판하는 측은 영국인입니다. 피해자와 재판하는 측이 명백히 다른 것입니다. 더욱이 재판하는 측은 식민지 종주국이기 때문에 종주국 지배자가 식민지 주민의 피해를 다루는 구도가 됩니다. 이 관계에는 종주국과 식민지라는 관계뿐만 아니라 인종적 민족 문제도 포함되어 있습니다. 게다가 젠더 문제도 얽혀 있습니다. 정책을 결정하는 자를 비롯하여 수사관, 검찰관, 재판관도 모두 남성뿐입니다. 성폭력 문제는 지금도 제대로 인식되지 못하는 문제가 있습니다. 말할 필요도 없이 당시에는 매우 불충분한 인식밖에 없었습니다. 따라서 성폭력 문제는 충분히 다루어지지 못했습니다.

그리고 이데올로기의 차이가 있습니다. 중국·국민당 정부가 재판을 하였는데, 공산당이 지배하고 있던 지역의 피해는 다루지 않았습니다. 내전이 있었기 때문에 그 지역을 수사할 수 없었던 것도 하나의 요인이라고 볼 수 있을 것입니다. 요컨대 승자·패자라는 단순한 틀만으로 보아서는 안 됩니다. 여러 요소가 얽혀 있기 때문입니다.

영국 재판의 실태와 그 배경

영국 재판에서는 어떤 피해자를 재판했을까요? 기소된 피고는 918명. 그 중에 아시아계 민간인에 대한 범죄로 재판받은 사람은 550명으로 전체의 60%를 차지합니다. 영국인과 호주인 등 서구인 포로에 대한 범죄로 재판받은 사람은 227명으로 25%를 차지합니다.

이는 1998년에 제가 영국의 전범재판 관련 책을 냈을 때 알게 된 사실입니다. 영국은 식민지 피해와 아시아인의 피해에 대해 상당히 많이 다루었다는 생각을 하였습니다. 그때까지 연구자들은 서구 각국이 오로지 자국의 포로만을 다루었고 식민지 민중의 피해에 대해 냉담했다고 지적해왔지만 그렇지 않다는 것을 알았습니다.

그렇다면 왜 이렇게 한 것일까라는 문제에 대해 생각해보면 답은 단순하지 않습니다. 영국은 다시 한 번 식민지를 재건하고 싶었던 것입니다. 그러기 위해서는 식민지 사람들에게 영국이 그들의 보호자임을 나타내고 싶었던 것은 아닐까 생각합니다. 자신들의 권위를 과시하고 싶었겠지요. 그렇기 때문에 아시아인에 대해 잔혹행위를 한 일본군이 재판받는 것을 보여주고 싶었던 것입니다. 대영제국의 권위를 보여줌으로써 식민지 재건을 원만하게 진행하고 싶었을 것입니다.

현장의 중간관리직이 재판받는 구조

B·C급 재판에서는 현장의 중간관리직이 재판받았습니다. 때로는 사단장과 같은 상급 관리자가 재판을 받는 경우도 있지만 대체적으로 현장 중간관리직이 재판을 받았습니다. 대대장, 중대장 계급이 많습니다. 헌병의 경우, 실제로 고문을 한 하사관 계급이 재판을 받았습니다. 명령을 내렸다 해도 명령서는 남아 있지 않으며, 설령 남아 있다 해도 애매한 내용이 많습니다. 구두로 명령이 내려오는 경우가 많습니다. 문서로 오더라도 추상적인

문구이며 상세한 것은 구두로 전달됩니다. 따라서 상급자까지 수사가 미치지 않는 경우가 대부분입니다. 상급자가 모른다, 그런 명령은 내리지 않았다고 잡아떼면 그만인 것입니다. 그렇지만 현장의 경우, 그 자리에 있었다면 현장에서 지휘한 것을 확인할 수 있기 때문에 현장관리직은 피할 수 없게 됩니다.

예를 들면 버마에서 카라곤 사건[33]이 있었습니다. 약 600명의 마을 주민을 살육하고, 젊은 여성을 10여 명 납치했습니다. 이 사건으로 기소된 사람은 대대장과 중대장입니다. 현장에서 지휘한 대대장들은 사형당했습니다. 재판에 앞서 대대장이 전범으로 지명되어 싱가포르로 연행되어 가기 전 사단장에게 인사하러 갑니다. 사단장이 "나는 아무 말도 안했으니까 너희들이 책임져!"라고 말합니다. 연대장도 사단장에게 결코 폐를 끼치지 말라며 타일렀습니다. 연대장은 양심의 가책을 받았는지 재판이 시작되고 나서 그 명령은 자신이 내렸다고 말했습니다. 그러니 자신을 재판하고 대대장과 중대장은 용서해달라고 법정에서 증언했습니다. 그러나 결국 그것은 받아들여지지 않았습니다. 사단장은 끝까지 모르는 척 했습니다. 이 연대의 전우회에서는 회보를 출간하고 있는데, 거기에는 사단장에 대한 원망으로 가득합니다.

사단장, 연대장, 대대장, 중대장 순으로 명령이 내려오지만 그 내용은

---

33) 카라곤 사건: 1945년 7월 8일 군마현 다카사키연대보병 제215연대 제3대대가 태국 국경 근처에 있는 미얀마 동남부 모르멘 지방의 인도인 부락 카라곤 마을 주민을 학살한 사건이다. 일본군은 카라곤 주민이 영국군을 돕고 있다는 헌병대의 첩보에 따라 주민을 학살하였는데, 어린이를 포함한 600명 이상의 주민을 살해하였고, 약 10명의 젊은 여성을 납치했으며, 마을을 모두 불태웠다. 이 사건으로 제3대대 소속 군인 8명과 헌병대원 6명이 B·C급 재판에 회부되어 사형 4명, 금고형(10~5년) 6명의 판결을 받았고, 4명은 무죄로 판결되었다.

애매합니다. 명령이라는 증거는 없지만 현실에서는 사건이 발생하였기 때문에 아무래도 현장에 있던 중간관리자가 재판받게 되는 것입니다.

한편, 명령에 따르기만 한 하급군인은 대부분 기소되지 않든지, 기소되더라도 극형을 면한 것은 머리말에서 소개했기 때문에 여기서는 생략하겠습니다.

5. 전범재판의 의의와 한계

보복을 억제하는 효과는 있었다

이와 같이 아시아 주민에 대한 범죄를 포함하여 법으로 심판한 일, 전범재판을 행한 일은 어떤 효과가 있었던 것일까요?

대단히 효과적이었던 점은 피해자의 직접 보복을 막았던 점입니다. 전쟁이 끝났을 때 말레이 반도, 싱가포르, 필리핀, 중국에서 일본군에 대한 민중의 분노는 극심하였습니다. 그러한 폭발을 억제하는 효과가 있었다고 할 수 있습니다.

연합국은 전쟁이 끝나자 전쟁범죄를 범한 책임자와 실행자는 반드시 법의 심판을 받도록 하겠다고 약속했습니다. 그렇기 때문에 보복을 그만두라고 호소했습니다. 그리고 사람들의 분노를 재판을 위한 증거나 증언을 수집하는 쪽으로 향하게 했습니다. 전범재판이 직접적인 보복을 억제한 것은 사실입니다. 재판이라는 것은 지금도 그런 기능이 있습니다. 원수 갚기를 멈추도록 하는 효과가 있습니다.

예를 들면 싱가포르 화교학살 사건[34]에서는 일본 측이 인정한 인원만도 약 5천 명을 죽였습니다. 현지에서는 4만~5만 명이라고 합니다. 그렇지만 이 사건에 대한 일본 측의 사형은 2명, 금고형은 6명입니다. 재판받은 사람은 그뿐입니다. 당시 현지 신문은 강하게 항의했습니다. 5천 명 또는 5만 명에 대해 단지 2명의 사형이냐고 하는 비난입니다.

재판이라는 것은 이러한 측면이 있는 것입니다. 주민들에게는 매우 불만스럽지만 사건을 그렇게 해서 그럭저럭 수습해버린다는 기능입니다. 이 외에 일본군에 의한 조직적인 주민 살해 등 실로 많이 있습니다만, 재판을 받은 경우는 10%도 안 될 것입니다. 대부분이 재판받지 않은 채 끝났습니다. 전범재판은 몇 가지 사례를 상징적으로 재판함으로써 조금이나마 피해자 전체의 불만을 해소시켜가는 효과가 있었던 것이지요.

피해자가 법의 심판을 요구하는 것은 당연하다

일본인은 전범재판으로 일본군의 전쟁범죄 모두가 처리되었다고 생각하기 쉽지만, 피해자에게 물으면 극히 일부만 재판받았을 뿐이고 대부분은 끝나지 않았다고 대답하는 것도 무리가 아닙니다.

피해자가 가해자를 법에 의해 심판해야 한다고 하는 것은 보복도 그 무엇도 아니라고 생각합니다. 이는 전쟁에만 한정되는 것이 아니라 일상의 일반 사회에서도 마찬가지입니다. 예를 들면 육친을 살해당한 가족이 범인을

---

34) 싱가포르 화교(華僑)학살 사건: 태평양전쟁 중이던 1942년 2월 15일에 일본군은 싱가포르를 점령하자 각지에 검문소를 설치하고, 18세 이상 50세까지의 성인 남성을 모두 검거하여 항일분자로 보이는 사람은 증거 없이 그 자리에서 살해하였으며, 저항하거나 도망하려는 사람까지도 살해하였다.

체포하여 엄중한 벌을 받게 해야 한다고 생각하는 경우는 흔히 있는 일입니다. 그것을 보복이나 복수라고 비난하는 일은 오늘날의 일본 사회에서는 없을 것입니다.

법에 따라 벌을 받는 것은 타당합니다. 현대사회에서는 법의 심판에 의해 보복의 사슬을 끊는다는 절차는 타당합니다. 인류가 만들어낸 지혜입니다. 여러 가지 문제가 있겠지만 이런 방식을 도입한 것은 의의가 있다고 생각합니다.

예를 들면 9·11 문제도 실행자, 책임자를 붙잡아서 법에 따라 심판을 받게 해야 한다는 것은 당연한 생각입니다. 이라크 전쟁에 반대한 사람들은 그런 노력을 해야만 된다고 주장했습니다.

물론 법에 따라 심판한다는 사고방식도 여러 가지 문제점이 있습니다만, 법의 심판이라는 방식이 종합적으로 보면 훨씬 적은 희생으로 문제를 해결할 수 있다고 생각합니다.

국제형사재판소의 토대가 되었다

국제형사재판소[35]가 2003년에 발족되었습니다. 그 토대가 된 것이 뉘른베르크 재판과 도쿄재판, 그리고 B·C급 재판입니다. 이러한 재판의 실적과 반성에 기초하여 제3자에 의한 기관으로서 국제형사재판소가 설치된 것

---

35) 국제형사재판소(International Criminal Court): 개인의 국제범죄를 재판하는 상설 국제사법기관으로 약칭은 ICC이다. 1998년 7월 17일에 열린 유엔 전권외교사절회의에서 채택된 국제사법재판소 로마규정 (로마규정 또는 ICC규정)에 의거하여 2003년 3월 11일 네덜란드의 헤이그에 설치되었다. 판사와 검찰관 등은 체결국의회(ASP: Assembly of States Parties)에서 선출한다. 공용어는 영어와 프랑스어이다.

입니다. 이 재판소에서는 사형이 없습니다. 피고의 인권 규정도 정비되어 있습니다.

네덜란드 헤이그의 국제형사재판소

전시 국제법은 반드시 지켜진다고 할 수 없는 경우가 많지만 각국은 의식하지 않을 수 없습니다. 그것이 전쟁 그 자체 또는 전쟁에서의 군사행동에 관해 어느 정도 제약이 되는 측면도 있습니다.

또한 B·C급 재판의 부산물이라고도 할 수 있습니다만, 재판이나 수사에는 일본어를 공부한 사람들이 배치되었습니다. 그 언어를 이해한다는 것은 도구로서의 언어 뿐만 아니라 문화도 이해하게 되는 것입니다. 일본 군인은 잔혹했지만, 일본의 좋은 면도 이해하게 되어 다면적인 일본 이해가 이루어지게 되는 것입니다. 재판에 관계했던 사람들이 그 후 일본 연구나 일본과의 문화교류에 종사하는 경우가 꽤 있습니다. 싱가포르 화교학살 사건에 관계했던 어느 재판관은 일본에 대해 공부하여 일본을 좋아하게 되었고, 전후에는 일본과 영국의 교류 기획에 참가하였습니다. 저도 그분과 영국에서 친해져서 그 집에 몇 번 초대받았습니다만, 언제나 환대를 받았습니다. 서로 국가를 넘어선 인간관계를 맺는 경우도 있습니다. 일본어를 공부함에 따라 폭넓게 일본을 알게 된 것입니다. 이것은 어디까지나 부차적인 효과이지만 말입니다.

전범재판의 문제점

이번에는 전범재판이 안고 있는 여러 가지 문제점에 대해 말씀드리겠습니다. 특히 무차별 공습이 재판받지 않은 점은 오늘날까지 크나큰 악영향을 끼치고 있습니다. 일본이 충칭이나 난징 등지에서 행한 무차별 공습은 재판하지 않았습니다. 또한 일본군의 독가스 사용도 재판하지 않았습니다. 이는 미국이 의식적으로 재판하지 않은 것입니다. 자신들의 손발을 묶고 싶지 않았던 것입니다.

전범용의자에 대해 형무소의 감시자 등이 폭행했던 일은 일본 측 문헌에서는 반드시라고 해도 될 정도로 강조되고 있습니다. 또한 앞에서 말한 것처럼 주로 현장에 있던 사람이 재판을 받고 상급자는 빠져나간 점은 재판을 받은 사람들에게는 납득이 되지 않았을 것입니다.

참모들의 문제도 있습니다. 사령관이나 대장은 명령권자라 피할 수 없지만, 실제로 작전명령 등을 만들었던 참모는 지휘명령 계통상으로는 권한을 갖지 않았으므로 전범 추궁에서 면제된 경우가 많았습니다. 실질적인 책임자와 형식적인 책임자가 다른 경우를 자주 볼 수 있습니다. 그 외에도 문제점이 있지만 앞서 소개한 제가 쓴 책(『BC급 전범재판』)에서도 언급하였으므로 자세한 내용은 그쪽을 참고하시기 바랍니다.

식민지를 대상에서 제외시키는 국제법의 문제점

도쿄재판과 B·C급 재판에서 식민지 민중에 대한 행위가 재판받지 않은 점은 앞에서도 언급했습니다. 이 문제는 일본 관련 재판만의 문제라기보다는 전시 국제법에 내재하는 문제라고 할 수 있을 것입니다.

앞에서 인도에 대한 죄가 등장했던 이유는 민중에 대한 조직적이고 계통적인 잔학행위가 행해졌는데, 이를 종래의 전시 국제법으로는 대처할 수 없었기 때문이라고 설명했습니다. 그러나 이런 잔학행위는 근대 이후를 보더라도 제2차 세계대전 이전에 없었던 것은 아닙니다. 미국에서의 원주민에 대한 잔학행위를 비롯하여, 식민지화 또는 식민지 유지를 위한 전쟁에서 자주 볼 수 있습니다. 그러나 전시 국제법은 '문명'국 간의 전쟁에만 적용한다는 구미의 인식이 있었고, 이러한 이유로 '비문명'국(지역)의 민중에 대해서는 전시 국제법을 적용한다는 것이 처음부터 고려되지 않았습니다.

그러므로 일본은 러일전쟁이나 제1차 세계대전 등 구미제국을 상대로한 경우나 구미의 감시 눈길이 있는 경우에는 전시 국제법을 의식해서 전쟁을 하였지만, 청일전쟁 때의 뤼순(旅順)학살이나 그 후의 타이완 식민지화 전쟁, 조선 식민지화 전쟁[36]에서는 전시 국제법 등을 무시하고 민중에 대한

---

36) 조선식민지화 전쟁: 청일전쟁 이후 일본의 한국병합에 이르기까지 전국 각지에서 일어난 의병투쟁과 이에 대한 무장진압을 의미한다.

잔학행위를 자행했습니다. 그러나 식민지화 전쟁에서의 잔학행위는 국제적으로 문제가 되지 않았습니다. 이것이 전시 국제법의 식민지주의적 특징입니다.

인도에 대한 죄가 독일에 대해서도 적용되었는데 일본에 대해서는 왜 적용되지 않았을까 하는 의문이 자주 제기됩니다. 독일에서는 잔학행위의 대상이 된 자국민(동맹국민을 포함)은 유럽 독립국의 국민으로, 식민지 민중이 아니었던 것입니다. 그러나 조선이나 타이완은 구미제국도 승인한 식민지이며 다시 말하면 '비문명'지역으로 간주되었습니다. 그러므로 연합국은 조선이나 타이완에서의 잔학행위에 대해 일본의 잔학성을 비난하는 경우는 있어도 전시 국제법의 적용대상으로는 인식하지 않았다고 할 수 있습니다.

현재도 공중폭격이라는 이름으로 민간인 살해 등 전쟁에서의 잔학행위가 반복되고 있습니다만, 제2차 세계대전에서 구미 각국이 행한 잔학행위는 모두가 식민지 혹은 구식민지 지역의 민중에 대한 것입니다. 실질적으로 식민지주의는 지금도 여전히 살아 있다고 해야 할 것입니다.

6. 전범재판론에 나타난 전후 일본의 평화주의의 문제점

마지막으로 전범재판과 관련해 전후 일본의 평화주의의 문제점에 대해 생각해보고 싶습니다.

전쟁 자체가 악이라고 하는 시각

도쿄재판을 부정함으로써 일본의 과거를 정당화하는 풍조 또는 논의가 계속 있었습니다. 이러한 주장을 철저하게 비판할 필요가 있지만 여기서는 일본의 전후 평화주의의 문제. 그리고 그것을 지탱해온 헌법 9조에 대한 문제에 대해 다루고 싶습니다.

어떤 종류의 전쟁이건 전쟁 그 자체는 좋지 않다, 전쟁 그 자체를 그만 두어야만 한다는 생각이 있습니다. 대부분의 사람이 헌법 9조를 이러한 맥락에서 파악해왔습니다. 저는 이러한 사고를 부정할 의도는 전혀 없으며, 전쟁 자체를 부정하는 것은 좋다고 생각합니다.

그렇지만 이를 전제로 좀 더 생각해보아야 할 것이 있지 않을까요? 우리들은 한편으로는 침략전쟁은 나쁘며, 일본이 침략한 일은 잘못이라는 생각을 가지고 있습니다. 일본 정부가 일본이 일으킨 전쟁을 침략전쟁이라고 인정하지 않는 것은 용인할 수 없다고 생각합니다. 그러나 침략전쟁이 나쁘다는 것은 다른 한편으로는 침략전쟁이 아닌 전쟁이 있다는 점을 전제로 한 논의입니다. 전쟁에도 나쁜 전쟁과 좋은 전쟁이라고 표현하지는 않더라도 좀 더 나쁘지 않은 전쟁이 있다는 인식을 전제로 한 논의입니다.

이것을 다른 각도에서 본다면, 전쟁 자체가 나쁘다는 사고의 문제와 관계가 있습니다. 즉, 전쟁 그 자체가 나쁘다는 관점에서 본다면, 침략전쟁인가 아닌가의 구별은 그다지 중요한 문제가 아닙니다. 어떤 사람과 논의했을 때, 그 사람은 일본이 행한 전쟁은 침략전쟁이 아니라고 끝까지 주장하며 동시에 헌법 9조는 좋은 헌법이라고도 했습니다. 전쟁에서는 어느 쪽도 마찬가지로 일본이 나쁘지 않다는 인식과 모든 전쟁을 포기한다는 생각이

공존하고 있는 것입니다. 아마도 이렇게 인식하는 사람들이 많이 있어서 이들을 포함해서 헌법 9조가 유지되어왔다고 생각합니다.

전쟁에서 사람을 죽이는 방식을 구별할 필요가 있을까?

전쟁범죄에 대해서도 같은 지적을 할 수 있습니다. 통상의 전쟁범죄를 문제로 하는 입장이란 전쟁을 하는 경우, 사람에게 해를 입힌다든지 죽이는 경우에도, 해도 되는 방법과 해서는 안 되는 방법이 있다는 논의입니다. 극단적으로 언급하면 그렇습니다. 한편 전쟁은 사람을 죽이는 것이기 때문에 전쟁 그 자체를 부정하는 시각에서 본다면, 어떤 방법으로 죽였는가, 그것이 전쟁범죄인가 아닌가 하는 것은 그다지 중요한 문제가 아니게 됩니다. 전쟁범죄에 대한 논의 자체가 필요 없어집니다. 예를 들면 독가스를 사용하는 것은 전쟁범죄이고, 집속탄(集束彈)[37] 등은 비인도적이기 때문에 사용을 금지해야 한다며, 이를 전쟁범죄로 규제하여 사용을 금지하려는 운동이 확산되고 있습니다. 반면 이에 대해 사람을 살상하는 도구를 인도적인가 아닌가로 구별하는 자체가 말도 안 되는 것이다, 일반 총이나 대포로 죽이는 것은 문제가 안 되는가? 집속탄으로 죽이는 것은 안 되고, 대포로 죽이는 것은 허용된다는 자체가 넌센스라고 생각하는 것은 어떤 의미에서는 당연합니

37) 집속탄(cluster bomb): 한 개의 폭탄 속에 또 다른 폭탄이 들어가 있는 폭탄으로 모자(母子) 폭탄이라고도 한다. 대량의 인명살상을 목적으로 하는 대표적인 비인도적 무기이다. 지금까지 베트남, 라오스, 캄보디아, 이라크, 아프간, 레바논 등의 전쟁에서 사용되어왔다. 2008년 5월 아일랜드 더블린에서 집속탄 금지협약을 채택하였고, 같은 해 12월에 94개 국이 오슬로에서 열린 조인식에서 협약에 서명하였다. 그러나 이 협의에는 미국, 중국, 러시아, 이스라엘, 한국 등 주요 집속탄 생산국 및 보유국이 참가하지 않았다.

다. 다만 이러한 시각에서는 전쟁범죄라는 인식은 나오지 않습니다.

전쟁 자체를 부정하는 인식에서는 침략전쟁을 다른 전쟁과 구별하거나 사람을 살상하는 많은 방법 중에서 일부만을 전쟁범죄로 죄악시하는사고가 나오기 어렵습니다. 전후 이 문제는 제대로 논의되지 않았다고 생각합니다. 전후 일본에서 헌법 9조를 지지하는 사람들 사이에서도 침략전쟁과 전쟁범죄 문제, 나아가 전쟁책임 문제가 충분하게 인식되지 않았던 것은 이러한 일본인의 전쟁관과 관련이 있는 것으로 생각합니다.

'전쟁=악'론은 범죄자를 면죄시킨다

일본군의 잔학행위에 대해서도 전쟁이 잘못된 것이기 때문에 전쟁은 사람을 광기로 만든다는 논리로 설명되는 경우가 많습니다. 그러나 이렇게 되면 나쁜 것은 전쟁이라는 추상적인 것이 되어버려 개인의 책임은 물을 수 없게 됩니다.

바꾸어 말하면 전쟁이니까 아무리 잔혹한 행위를 해도 괜찮고, 그것은 어쩔 수 없었다는 명목 하에 허용되어버리기 쉽습니다. 예를 들면 전장에서 강간을 하는 군인이 있는가 하면 하지 않는 군인도 있습니다. 또한, 주민과의 관계에서도 스파이가 있다고 하여 마을 사람을 모두 학살하는 부대가 있는가 하면 아무도 죽이지 않는 부대도 있습니다. 전쟁은 사람들을 보다 폭력적이고 공격적으로 만듭니다. 그러나 모든 군인이 강간을 하는 것은 아닙니다. 거기에는 군인 한 사람 한 사람의 인간으로서의 판단이 작용하고 있습니다. 일상 사회에서는 강간이나 약탈을 하면 자신이 처벌되어 큰 불이익을 받지만 전장에서는 하고 싶은 대로 해도 처벌받지 않기 때문에 해도 된다는 판단이 작용하는 것은 부정할 수 없겠지요. 남자는 성욕이 있기 때문에 참을 수 없다는 등 강간과 매춘을 긍정하려는 논의가 있습니다만, 많은 경우 자신의 입장에서 손익을 계산해서 판단하는 것입니다.

　전쟁에 모든 책임을 돌림으로써 득을 보는 것은 가장 나쁜 짓을 한 사람들입니다. 잔혹한 짓을 한 사람들이 전쟁이 나쁘다며 모두를 면죄시킵니다. 그리고 모든 것이 전쟁 탓이라며 어느 누구에게도 개인의 책임을 추궁하지 않고 끝내버립니다. 그래서 모두 안심하고 전쟁이 나쁘다고 말할 수 있는 것입니다. 따라서 이러한 인식으로부터는 전쟁책임을 추궁하는 자세가 나오지 않는 것도 이해할 수 있습니다. 전후 일본에서는 가해책임이 제기되지 않았다는 지적이 있습니다만, 개인의 책임이 추궁되지 않았던 점을 포함해서 헌법 9조를 지탱해온 일본인의 평화의식에 문제가 있다고 할 수 있지 않을까요? 물론 스스로의 전쟁책임을 회피하려고 한 지배자들의 문제를 잊어서는 안 될 것입니다.

전후 일본의 '책임 없는 평화주의'

　이런 점에서 전후 일본의 평화주의에 대해 저는 '책임 없는 평화주의'라고 말합니다. 누구도 책임이 추궁되지 않기 때문에 모두 안심하고 헌법 9조를 지지할 수 있는 것입니다. 전후 일본 내에서 보수와 혁신에 관계없이 전쟁을 포기한 헌법 9조가 지지되어온 이유 중 하나는 누구에게도 책임을 묻지 않고, 비난받지 않고 끝났기 때문은 아닐까요? 역설적 표현을 하면 이러한 구조를 만들어버린 것입니다. 모두가 피해자라는 것이지요. 가해자였는데, 자신을 전쟁피해자라고 말할 수 있게 된 것입니다.

이렇게 해서 개인의 책임이 문제시되지 않은 채로 이어왔습니다. 그러나 일본인 모두가 피해자라며 얼버무리는 것에 대해 본격적으로 문제제기된 것이 1990년대에 들어와서입니다. 일본군 '위안부'였던 여성들이 자신을 밝힘으로써 일본의 전쟁책임·가해책임을 아시아 사람들로부터 엄중하게 추궁받게 된 점이 컸다고 생각합니다. 피해자 한 사람 한 사람이 얼굴을 드러내는 구체적인 존재로서 우리들 앞에 나타났습니다. "전쟁이니까"라는 추상적인 변명을 일소시키는 듯한 충격이었습니다. 특히 성폭력은 명령에 따랐을 뿐이라는 변명이 통용될 수 없기 때문에 개인의 책임이 문제시됩니다. 이러한 전쟁책임·전후보상 문제는 일본인의 평화주의에 대해 근본적인 수정을 촉구했다고 생각합니다.

부조리한 죽음의 책임을 면죄하는 야스쿠니 신사

이 점과 관련해서 야스쿠니신사[38] 문제를 다루고자 합니다. 15년전쟁 중 군인 전몰자가 약 230만 명이라고 합니다. 후지와라 아키라(藤原彰) 씨의 연구에 의하면 이 사람들의 약 절반 또는 그 이상이 굶어죽었습니다. 게다가 일본군은 포로를 인정하지 않는 군대였기 때문에 '옥쇄(玉碎)', 즉 죽는다는 것을 알면서도 만세 돌격을 합니다. 단지 죽임을 당하기 위한 것일 뿐인 '옥쇄'를 당한 장병도 상당히 많았습니다. 일반적인 군대라면 항복해서 포로

---

38) 야스쿠니신사(靖國神社): 일본 도쿄도 지요다구에 있는 신사로 천황을 위해 싸우다 목숨을 잃은 사람들을 신으로 모시고 제사를 지내는 곳이다. 1869년 군 희생자의 넋을 달래기 위해 설립한 초혼사가 그 전신이다. 1879년에 지금의 이름인 '야스쿠니(靖國)'로 개칭했고 '나라를 안정케 한다'는 뜻을 담고 있다. A급 전범이 안치되어 있어서 한국이나 중국 등 아시아 여러 나라는 야스쿠니 신사와 그곳에 참배하는 정치인 등을 비난하고 있다.

가 되는 선택지가 인정되기 때문에 굶어죽거나 전멸하기 전에 항복할 것입니다. 결국 일본 군인 전사자의 압도적 다수가 일반적인 군대였다면 살 수 있었을텐데, 일본 국가와 일본군에 의해 죽임을 당했다고 해도 과언이 아닙니다. 전쟁이기 때문에 죽은 것이 아니고 국가와 군의 지도자들의 구체적인 정책 · 명령에 의해 죽음으로 내몰린 인위적인 죽음입니다.

그런데 이러한 전사자를 야스쿠니에 모셔 영령화(英靈化)하고, 유족은 위로를 받고 죽음을 납득하게 되는 것입니다. 본래는 부조리한 죽음이지만 격식을 갖춤으로써 이를 받아들이게 합니다. 그들을 죽음으로 내몰았던 지도자들의 책임은 추궁되지 않습니다. 그야말로 무책임의 구조입니다. 야스쿠니신사는 일본군과 일본 국가가 그들을 죽음으로 내몰았던 것을 은폐하고 그 책임을 추궁하지 못하도록 하는 교묘한 도구였습니다.

야스쿠니신사의 A급 전범 합사가 문제가 되고 있습니다만, B · C급 전범도 합사된 것은 전혀 문제가 되지 않고 있습니다. 싱가포르 사람과 이야기했을 때, 그는 싱가포르에서 잔학행위를 하고 사형된 인물인 B · C급 전범이 합사된 것을 알고 놀라서 분개했습니다. B · C급 전범의 합사 문제가 일본에서는 전혀 문제가 되지 않습니다. 이해하기 힘들지만 B · C급 전범은 모두 가해자가 아니고 전쟁피해자라고 생각하기 때문에 야스쿠니 합사가 문제가 되지 않는 것이지요.

영화 '나는 조개가 되고 싶다'의 거짓

B · C급 전범재판에 대해 어느 정도 나이 드신 분들에게 바로 떠오르는 영화가 머리말에서 언급했던 '나는 조개가 되고 싶다'가 아닐까 생각합니다.

영화 '나는 조개가 되고 싶다'의 한 장면

B · C급 전범이 된 포로수용소 소장 가토 데쓰타로(加藤哲太郎) 중위가 어
느 상사의 유서라는 형식의 글을 창작했는데 그 속에 '나는 조개가 되고 싶
다'는 문구가 있습니다. 그 문구를 표제로 한 영화가 만들어졌습니다. 영화
는 이 문구를 차용했을 뿐이며, 영화 내용은 가토 데쓰타로의 체험이나 그
가 창작한 유서와는 전혀 관계없습니다. 영화는 가토 데쓰타로의 생각과는
전혀 상관이 없습니다만, 영화에서는 상사의 말이 이등병의 말로 바뀌어 있
습니다. 원래 가토는 중위였고, 그가 창작한 것은 상사이며, 상사가 한 말이
영화에서는 이등병이 한 말로 바뀌어 있습니다. 일본군에서 상사와 이등병

은 하늘과 땅 차이이기 때문에 이야기 자체가 현실과는 동떨어져 있습니다. 다만, 상사라 해도 위생하사관이기 때문에 보병인 상사보다는 하위직이라고 할 수 있습니다.

영화에서는 미군 포로를 처형하라는 명령을 받은 이등병이 미군 포로를 총검으로 찌르려고 했지만 겁에 질려 결국 죽일 수 없었는데도 그 이등병이 전범재판에서 사형에 처해진다는 이야기입니다. 이것이 마치 평화의 고귀함을 호소한 영화인 듯 선전되고 있습니다. 그러나 B·C급 전범재판에서 이등병이 사형당한 경우는 없었습니다. 사형판결이 내려진 경우는 있었지만 모두 감형되었습니다. 따라서 영화와 같은 일은 전혀 없었고, 이는 거짓입니다.

일등병으로 사형된 사람은 두 명 있습니다. 그렇지만 이들에게 추궁된 것은 상관의 명령에 따른 행위는 아니었습니다. 개인적으로 행한 잔학행위로 처벌되었습니다. 한 명은 소녀를 강간했습니다. 상관의 명령 때문이 아니라 강간에 의해 사형된 것입니다. 이등병, 일등병, 상등병 등 하급 일반 군인의 경우 상관의 명령에 따른 행위만으로 사형되지는 않았습니다.

조직적인 잔학행위의 사례로 전범으로 기소된 것은 다수가 명령자입니다. 원칙적으로 현장의 소대장, 중대장, 대대장 계급이 대상이 됩니다. 하급 병사까지는 기소하지 않습니다. 하급병사가 기소된 경우는 대부분 개인적인 잔학행위를 저지른 경우입니다. 개인적으로 포로라든가 민간인에 대해 강간과 살인 등의 잔학행위를 했을 때 뿐입니다.

연합군도 군대이므로 최하급 병사가 상관의 명령을 거역할 수 없다는 것은 이해하고 있습니다. 거역한다는 행위가 군대에서 곤란하기는 마찬가지입니다. 따라서 하급병사의 경우는 대부분 기소되지 않았고, 기소되어 유죄가 되었어도 사형에 처하지 않았던 것입니다. 이런 점에서 영화는 현실에서 없었던 일을 마치 그것이 B·C급 전범재판의 전형인 듯 허구를 만들어 일본인에게 잘못된 재판이라는 이미지를 확산시켰다는 점에서 상당히 악영향을 미쳤습니다.

'나는 조개가 되고 싶다'의 진정한 사상은 영화와 다르다

그런데 실제 가토 데쓰타로는 사형판결을 받았지만 감형되어 금고형이 되었습니다. 그는 스가모형무소에서 차분히 과거를 회상합니다. 그는 다음과 같은 글을 쓰고 있습니다.

"전쟁이라는 인간의 개념이 무수한 인명을 빼앗는 것이 아니다. 전쟁에 종사했던 당신이 당신 손으로 장삼이사(張三李四)를 죽이고, 야마다와 스즈키를 죽이는 것이다. 당신은 누구인가? 바로 당신 개인이다".

여기에서는 고유명사로 언급되어 나옵니다. 옥중에서 자신의 책임을 생각한 것이지요. 상관의 명령 때문에 어쩔 수 없었다는 것만으로 괜찮은가? 즉, 지도자와 명령을 내린 사람만으로는 전쟁은 할 수 없고 실행하는 사람이 있기 때문에 전쟁을 할 수 있는 것이다, 추상적인 개념만으로는 안 된다, 고유명사를 지닌 개개인이 한 사람 한 사람을 살인한 것이라고 생각하게 된 것입니다. 여기에서 그는 자신의 개인 책임을 추궁할 필요가 있고, 그런 다음 명령을 내린 상관의 책임을 추궁하자는 생각에 도달한 것입니다. 이러한 것을 그는 주장하고 있습니다. 상관의 명령이기 때문에 어쩔 수 없었다는 변명은 전혀 하고 있지 않습니다. 그것이 원래 '나는 조개가 되고 싶다'가 담고 있는 사상입니다. 영화에는 개인의 책임을 묻는다는 관점은 조금도 없습니다. 상관의 명령이므로 어쩔 수 없었다는 영화의 정신은 옥중에서 필사적으로 자신의 책임을 추궁해가는 가토에 대한 모욕이라고 할 수 있습니다.

자신의 책임을 자각할 때 새로운 주체가 생겨난다

최근 미국의 해병대원이었던 앨런 넬슨(Allen Nelson) 씨가 일본에서 출판한 책을 읽었습니다. 『전장에서 마음이 파괴되어』라는 책입니다. 이 책에서 그는 가토 데쓰타로와 같은 지적을 하고 있습니다.

그는 베트남 전쟁에서 많은 사람을 죽이고 왔습니다. 그래서 외상후 스트레스 장애(post traumatic stress disorder)가 되어 상담을 받았습니다. 상담에서 당신은 왜 사람을 죽였습니까라는 질문을 받습니다. 그는 명령이었기 때문에 어쩔 수 없었다고 말했습니다. 죽이지 않으면 죽임을 당하기 때문이라고 하면서 매번 그렇게 도망쳤습니다. 그러나 자신의 내면에서는 불편함을 느끼며 상관의 명령이므로 어쩔 수 없었다고 자신을 스스로 설득시키고 있었습니다. 그런데 어느 날 문득 깨달았습니다. 그것은 결국 자신이 선택한 것이고, 거부할 수도 있었다는 것을 말입니다. 자신이 불이익을 받을 수도 있지만 결국은 명령에 따르는 것을 선택한 것입니다. 이렇게 생각하면 자신은 단순히 시키는 대로 한 것은 아닙니다. 이 시점에서 비로소 죽이는 선택을 스스로가 했다는 것을 자각한 것입니다. 여기서부터 여러 가지를 볼 수 있게 됩니다. 지금 그가 반전운동을 하고 있는 출발점은 자신에 대한 자각에 있다고 생각합니다. 자신의 책임을 정직하게 응시해서 자각하는 것에서부터 시작하는 것입니다. 그야말로 가토 데쓰타로와 같은 사고 경로를 거치고 있는 것입니다. 상관의 명령이라든가 어쩔 수 없었다는, 다른 사람에게 책임을 전가하는 사고회로가 아닌, 솔직한 사고회로를 통해 도달한 것입니다.

일본의 전후 평화주의라고 하는 것은 개인의 책임, 개인의 문제를 회피해 온 것은 아닐까 생각합니다. 그 결과, 책임 없는 일본 사회가 만들어져온 것은 아닐까요? 평화를 담당하는 주체가 제대로 형성되지 못했습니다, 평화주의를 지탱해온 사고가 취약했던 것은 아닐까 생각합니다. 오해가 없도록 말해두자면, 저는 결코 '전쟁은 나쁘다'라는 사고가 잘못됐다는 것이 아니라, 그 결론에 이르는 과정을 문제삼는 것입니다.

전범재판이든, 일본의 전쟁책임이든, 이 점을 제대로 자각하여 스스로 생각하고 구축해오지 못한 것은 아닐까요? 그러한 평화주의의 취약함이 지금 드러나고 있는 것은 아닐까 생각합니다.

2장

헌법 9조를 아시아 속에서 재점검한다

전후, 이미 60여 년이 지났습니다. 자민당 또는 민주당 일부에서는 '헌법의 개악'이라고 표현할 수밖에 없는 움직임이 있습니다. 저는 당연히 헌법개악에는 반대 입장입니다. 다만, 일본국 헌법은 훌륭한 것이고, 특히 9조는 좋은 헌법규정이기 때문에 지켜야 한다는 의식만으로 충분할까라는 것에 대해서는 의문을 가지고 있습니다.

특히 전후 일본 역사 속에서 헌법 개정 문제는 혁신과 보수라는 세력이 줄다리기하는 식으로 논쟁해왔습니다. 그러나 현재는 혁신도 보수도 각각 쇠퇴하고 있습니다. 종래의 호헌파도 쇠퇴하고 있는 것은 분명합니다. 헌법 9조가 훌륭한 규정인 것은 확실하지만, 법률이란 그 시대 사람들이 거기에 어떠한 내용과 의미를 담을 것인지에 달려 있습니다. 지금 이 시점에서 이 문제에 관하여 냉정하게 논의할 필요가 있지 않을까 생각합니다.

현재 우리들은 동아시아에서 어떻게 살아가려고 하는가? 이 점에서 헌법은 어떻게 도움이 되는가? 이러한 관점에서 이제 다시 한 번 재점검할 필요가 있다고 생각합니다.

그런데 2001년도 중학교 교과서를 채택할 당시, '새로운 역사교과서를 만드는 모임'의 교과서 채택을 저지하는 데 상당히 큰 공헌을 한 정장(町長)이 있습니다. 당시 도치키현(櫪木縣) 시모쓰가군(下都賀郡) 고쿠분지(國分寺)의 정장이 이미 정해진 채택을 번복한 경우가 있습니다.[1] 이러한 움직임이 '새로운 역사교과서'를 채택하지 않는 흐름을 만들어나갔습니다. 그 정장은 오랫동안 자민당 당원이었던 사람입니다. 근본적으로 보수적인 사람입니다.

개헌에 반대하는 사람들이 여러 가지 형태로 목소리를 내고 있습니다. 전후 자위대 간부였던 사람도 개헌 반대의 목소리를 내고 있습니다. 특히 2001년의 9·11테러 사건 이후, 이러한 움직임이 나오고 있습니다. 이 사람들은 2001년 이전에는 미일안보 또는 자위대에 찬성했던 사람들입니다. 이러한 사람들까지 호헌파가 되었지만, 바꾸어 말하면, 이렇듯 현재 호헌파로 불리는 사람들 속에는 1990년대까지 미일안보나 자위대를 인정하고 있었던 사람도 포함되어 있습니다. 이 사람들은 예전 같으면 호헌파로부터 비판받았기 때문에 호헌이라는 의미가 상당히 바뀐 것을 알 수 있습니다. 저는 이러한 현상을 나쁘다고 생각하지 않습니다. 오히려 좋은 현상이라고 생각합니다. 정치라는 것은 어떻게 적을 줄이고, 자기 편을 늘릴 것인가라는 문제이기 때문에 그 자체를 비난할 필요는 없습니다.

---

1) 시모쓰가 지구 중학교 역사교과서채택위원회에서는 위원 23명 가운데 12명이 찬성하여 후소사(扶桑社)판 교과서를 채택하기로 결정하였다. 당시 와카바야시 히데지(若林英二) 정장은 아사히신문 도치키 지국에 "문제가 있는 역사 교과서를 다수결로 결정해서 정(町)에 강요하는 것에 분노를 느낀다"는 기고문을 보냈다. 이를 계기로 시모쓰가군 고쿠분지정에서는 채택을 번복하였고 이것이 파급되어 각 시정(市町) 교육위원회 대부분의 회의에서 의견이 일치되어 후소사판을 채택하지 않기로 결정하였다.

전후 일본 사회에서 혁신은 물론, 보수의 일부에도 호헌파가 존재하고 있었습니다. 국회 내의 세력관계는 보수 2, 혁신 1의 구도였습니다. 그런데 9조에 대한 지지는 압도적으로 많았습니다. 즉, 보수까지 포함하여 9조를 '좋다'라고 인식해온 것입니다. 호헌파 세력은 보수파 내에도 다수 있었던 셈입니다.

헌법을 지킨다면 도대체 무엇을 지킬 것인가? 사람에 따라 또는 시기에 따라 애매한 점이 있습니다. 이러한 점을 고려하여 전후 역사를 돌이켜보면서 헌법 9조가 어떠한 역할을 하였고 어떠한 위치에 있었는가를 생각해보고 싶습니다.

우선 전후 일본에서 형성되어온 평화주의의 내용을 재검토하고자 합니다. 동아시아에서 일본국 헌법의 평화주의를 생각한다는 측면에서 역사를 되돌아보고 싶습니다. 이런 가운데 헌법 9조 또는 평화주의에 대해서도 비판하겠습니다. 헌법 9조의 적극적인 평가를 전제로 해서 이야기를 전개해 나가겠습니다.

1. 도쿄재판— 9조와 천황제

이미 지적한 바와 같이 도쿄재판은 미국이 주도적으로 추진한 것이지만, 일본의 지도자도 이에 관여했습니다. 주로 전쟁개시 책임을 육군에게 전가시킨 시나리오를 만들어 진행하였고, 천황은 평화주의자라는 이미지가 만들어졌습니다. 쇼와(昭和) 천황은 군부의 압력에 의해 어쩔 수 없이 전쟁을 시작했다는 스토리가 만들어져 재판이 진행되었습니다. 지금도 많은 사람들이 이것을 믿고 있습니다. 천황은 평화주의자라는 이미지가 만들어졌습니다.

1949년 5월 쇼와 천황의 전국 순행 장면
미국의 주도 하에 쇼와 천황은 전쟁의 주모자가 아닌 평화 애호자의 이미지를 연출했다.

헌법 1조부터 8조까지는 천황에 관한 조문입니다.[2] 그다음 9조가 전쟁포기, 평화주의 조항입니다. 이 구성에는 모순이 있는 듯합니다. 그러나 천황

2) 일본국 헌법 1조에서는 천황이 일본국 및 일본 국민 통합의 상징임을 규정하고 있으며, 3조 및 4조에서는 천황의 국사행위가 국정에 관한 권능을 갖지 않는 형식적·의례적 행위임을 규정하고 있다. 이로써 천황제는 상징천황제로 바뀌게 되었다.

도 국민도 모두 군에게 속거나 위협받아서 전쟁을 했다는 논리로 전쟁을 정리해왔습니다. 속은 것은 천황이고, 국민이었다는 논리로 전쟁책임을 결말지었습니다. 양쪽 모두 전쟁을 하고 싶지 않았다, 즉 피해자라는 구실을 만들어, 헌법 1조부터 9조까지를 모두 하나로 묶어 저항 없이 받아들여왔습니다. 이러한 해석은 일본 국내용이라고 말할 수 있을 것입니다.

전쟁 중 일본 병사가 미국 측 포로가 되어 심문을 받습니다. 이러한 심문조사 자료를 읽다보면 재미있는 사실을 알 수 있습니다. 전쟁에 비판적인 병사가 많이 있었다는 것을 엿볼 수 있습니다. 그들은 심문에서 이 전쟁은 잘못되었다고 답변하고 있습니다. 그 병사들은 실제로 천황도 전쟁에 반대했다고 말하고 있습니다. 나쁜 것은 도조(東條)라고 합니다. 이것은 전쟁 중의 이야기입니다. 도쿄재판을 할 때의 이야기가 아닙니다. 전쟁이나 군부에게 비판적인 병사는 천황도 자신과 같은 생각이었다고 보았던 것입니다. 심문조사를 통하여 도쿄재판 이전부터 이와 같은 생각이 널리 존재하고 있었다는 것을 알 수 있습니다. 이러한 의식은 전후 국민의 천황에 대한 의식의 원형이 되었습니다.

대외적으로 9조를 만든 이유 중 하나는 천황제를 유지하기 위한 것이었다는 것은 여러분 모두 아실 것입니다. 외부에서 본다면 천황은 침략전쟁의 상징입니다. 특히 전쟁에서 피해를 받았던 아시아 각국 또는 호주 등은 그렇게 생각하고 있었습니다. 천황을 유지하기 위해, 이러한 국가를 설득하기 위해 9조를 만든 것입니다.

주로 전쟁책임을 육군에게 미루고, 그 외의 사람들에게는 큰 책임을 지우지 않는 대신에 9조가 만들어진 셈입니다. 전쟁책임이 애매해지는 것을

9조가 보충했다고 할 수 있겠지요.

외부에서 본다면, 일본이 앞으로 나쁜 행동을 하지 않도록 9조가 제어를 하는 형태로 되어 있습니다. 그러나 맥아더의 의향으로 1950년에 경찰예비대가 만들어지고, 그 후 보안대, 자위대가 이어져 재군비가 추진되었습니다. 물론 예비대는 경찰군으로 시작합니다. 이것은 치안유지군입니다. 맥아더는 경찰예비대[3]가 9조에 반하지 않는다고 생각한 것 같습니다. 재군비를 하더라도 자위대는 해외에 나가지 않으며, 일본이 독립한 후에도 계속해서 미군이 일본에 주둔함으로써 일본이 또다시 나쁜 행동을 하지 않도록 억제시킨다는 논리로 주변국들을 진정시켜왔다고 할 수 있습니다. 물론 자위대를 제어하는 데는 헌법 9조가 중요한 역할을 하고 있습니다.

2. 9조와 오키나와

오키나와를 포기한 본토의 '독립'

다음은 오키나와와의 관계에 대해 살펴보겠습니다. 맥아더는 ① 일본의 비무장화(9조), ② 통치상 천황 이용, ③ 오키나와를 군사요새로 확보할것, 이 세 가지를 세트로 생각하고 있었습니다. 오키나와에 관해 유명한 이야

---

3) 경찰예비대: 맥아더의 지령에 의해 한국전쟁 발발 직후인 1950년 7월에 창설되었다. 이는 한국으로 이동한 재일미군 4개 사단의 공백을 메우고 장래 일본 육군의 기초를 세우기 위한 조치였다. 1952년 4월에는 해상경비대가 설치되었다. 1954년 미일상호방위조약 등의 협정이 조인되어 일본의 재군비 및 일본과 미국의 방위협력에 관한 기본 틀이 정해짐에 따라 경찰예비대와 해상경비대를 모태로 육상·해상·항공 자위대가 출범하였다.

기로 1947년에 나온 쇼와 천황의 오키나와 메시지[4]가 있습니다. 천황은 미국에게 오키나와를 장기 보유하기를 바란다고 측근을 통해 전했습니다. 당시 미국에서는 오키나와를 반환해야 한다고 주장하던 국무부와 보유하고 싶어 하는 국방부 사이에 대립이 있었습니다. 이 시점에서 천황은 그야말로 오키나와를 팔아넘긴 셈입니다. 여기에서도 맥아더와 손발이 맞았던 것입니다. 샌프란시스코 강화조약으로 일본은 독립을 회복합니다만, 이때 오키나와는 본토에서 분리되어 미군의 군사지배 하에 놓이게 됩니다. 오키나와의 포기를 전제로 한 본토의 '독립'이었던 것입니다.

본토 기지를 줄여서 오키나와로

1950년대에 본토에서는 반기지 운동이 한창이었습니다. 이러한 운동의 성과도 있어 1958년경까지 본토의 미군, 특히 지상부대는 철수하고, 해병대는 오키나와로 이전되었습니다. 이들은 범죄가 많은 부대입니다. 그러한 부대가 줄었기 때문에 본토의 반기지 투쟁은 약화되었습니다.

6·25전쟁 휴전 후, 미국은 동아시아 전략을 글로벌한 시점에서 재검토합니다. 동아시아에는 육군 2개 사단, 해병대 1개 사단을 배치할 방침을 정합니다. 지상 전력으로 3개 사단을 두기로 했던 것입니다.

3개 사단 배치를 검토한 결과 일본에서는 지상전투부대를 없애버렸습니다.

---

4) 오키나와 메시지: 쇼와 천황은 극동군사재판에서 천황이 전쟁책임자로 소환되지 않기 위한 방편으로 1947년 9월 19일 당시 천황의 통역이었던 데라사키 히데나리(寺崎英成)를 통해 맥아더 장군에게 미국이 오키나와를 비롯한 류큐의 모든 섬을 계속 군사점령해주기를 희망한다는 메시지를 비밀리에 전달했다.

재일미군 배치도

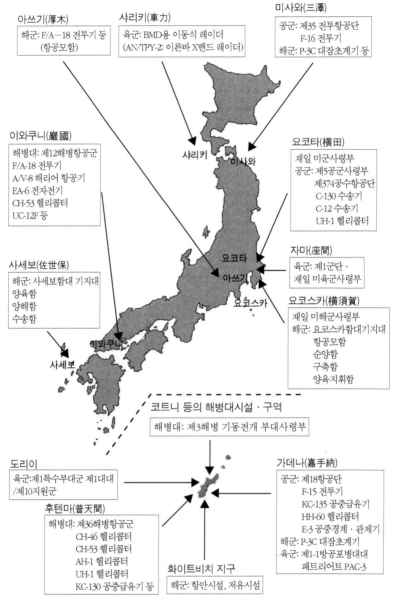

아쓰기(厚木)
해군: F/A-18 전투기 등
(항공모함)

샤리키(車力)
육군: BMD용 이동식 레이더
(AN/TPY-2: 이른바 X밴드 레이더)

미사와(三澤)
공군: 제35 전투항공단
F-16 전투기
해군: P-3C 대잠초계기 등

이와쿠니(巖國)
해병대: 제12해병항공군
F/A-18 전투기
A/V-8 해리어 항공기
EA-6 전자전기
CH-53 헬리콥터
UC-12F 등

요코타(橫田)
재일 미군사령부
공군: 제5공군사령부
제374공수항공단
C-130 수송기
C-12 수송기
UH-1 헬리콥터

사세보(佐世保)
해군: 사세보함대 기지대
양육함
양해함
수송함

자마(座間)
육군: 제1군단·
재일 미육군사령부

요코스카(橫須賀)
재일 미해군사령부
해군: 요코스카함대기지대
항공모함
순양함
구축함
양육지휘함

코트니 등의 해병대시설·구역
해병대: 제3해병 기동전개 부대사령부

도리이
육군:제1특수부대군 제1대대
/제10지원군

후텐마(普天間)
해병대: 제36해병항공군
CH-46 헬리콥터
CH-53 헬리콥터
AH-1 헬리콥터
UH-1 헬리콥터
KC-130 공중급유기 등

화이트비치 지구
해군: 항만시설, 저유시설

가데나(嘉手納)
공군: 제18항공단
F-15 전투기
KC-135 공중급유기
HH-60 헬리콥터
E-3 공중경계·관제기
해군: P-3C 대잠초계기
육군: 제1-1방공포병대대
패트리어트 PAC-3

출처: 일본 방위성, 『방위백서 2011』

당시는 일본 본토에서는 반기지 투쟁[5]이 고조되고, 사회당이 급속하게 신장하던 시대입니다. 보수세력 중에서도 반기지 세력이 많이 있었습니다. 중립을 지향하는 사람들은 보수세력과 혁신세력을 불문하고 다수가 있었던 것입니다. 미국 입장에서는 냉전 하에서 반발을 초래해 미군이 쫓겨나게 되면 곤란해집니다. 따라서 동아시아 범위에서 부대 배치를 검토해, 육군 제2사단을 한국에 이동시키고, 기병 제1사단(機甲化師團)을 본국으로 이동시켰습니다. 당시 가카미가하라(各務原)[6]와 기타후지(北富士)[7]에 있던 제3해병사단은 오키나와로 이전시켰습니다. 오키나와에 해병대가 배치된 것은 이때부터입니다.

이와 같이 본토에서의 반기지 투쟁을 완화시키기 위해 문제를 일으키는 일이 많은 육군보병사단과 해병대를 한국과 오키나와에 이전시킨 것입니다. 1956년부터 1957년에 걸쳐 오키나와에 해병대가 옵니다. 이때부터 해병대가 후텐마(普天間)를 사용합니다. 그때까지는 공군이 사용하고 있었

5) 반기지 투쟁: 1951년 미일안보조약에 의해 일본은 미국에 대해 전토기지 방식(全土基地方式)으로 기지를 제공하기로 하였다. 이에 따라 안보조약이 발효된 1952년부터 미군기지에 의해 생존권을 위협받게 된 지역 주민을 중심으로 격렬한 기지반대운동이 전개되었다. 대표적인 투쟁으로 1952~53년 이시카와현 우치나다(内灘)의 미군 포탄시험사격장 건설 및 시험사격 반대, 1953~55년 야마가타현 오타카네(大高根) 사격장 반대, 1955~57년 다치카와(立川) 기지 확장 반대, 1959~61년 이즈칠도(伊豆七島)의 니지마(新島)에 자위대 미사일 시험사격장 설치 반대 등의 반기지 투쟁이 이어졌다.

6) 가카미가하라(各務原): 혼슈 중부의 기후현(岐阜縣) 남부에 있는 도시.

7) 기타후지(北富士): 혼슈 시즈오카현(静岡縣) 동부에 있는 도시.

습니다. 지금 후텐마의 이전지로서 문제가 되고 있는 '헤노코(邊野古)'의 캠프 슈워브도 이때부터 사용되기 시작했던 것입니다. 그 근처에 있는 캠프 한센도 마찬가지입니다. 실탄사격훈련 때문입니다. 게다가 그 북부에도 훈련장이 생깁니다. 오키나와에 있는 미군은 해병대가 주력입니다. 해병대가 중심인 현재의 오키나와 미군기지의 모습은 이때 만들어진 것입니다.

그 당시 나하(那覇)에 주재하고 있던 미국 총영사 스티븐이라는 사람이 있었습니다. 이 사람은 해병대 주재는 곤란하다고 본국에 의견을 제시했습니다. 당시 미군의 사용면적은 4만 에이커였습니다. 약 160km²정도입니다. 그중에서 44%는 농지였습니다. 따라서 그때까지도 오키나와 농민은 대단히 고통을 받고 있었습니다. 게다가 해병대 증강으로 농민의 고통은 증가합니다. 그래서 미국 총영사가 본국에 해병대가 오는 것을 그만두도록 요청한 것입니다. 일본 정부 내에서 적어도 이 정도라도 오키나와에 관해 생각하는 지도자가 있었으면 좋겠습니다.

일본 측도 오키나와로 기지를 이전시켰다

본토의 경우는 기지투쟁이 성과를 올린 것입니다만, 그 결과 한국과 오키나와로 부담을 전가해버렸습니다. 그것을 본토 사람들은 어디까지 인식하고 있었는지 의문입니다. 현재 면적으로서는 오키나와에 기지의 75%가 집중되고 있는 것은 아시는 바대로입니다. 미군 병력을 보면 본토와 오키나와를 합해 분모로 계산할 때, 1955년 해병대가 오기 전에 오키나와의 기지 점유율은 약 15%였습니다. 그것이 앞에서 살펴본 경위를 통해 1960년에는 45%가 됩니다. 1960년대에는 면적으로 본토와 오키나와의 기지가 거의 비슷했습니다.

오키나와에 있는 후텐마 해병대 공군기지

그러나 오키나와의 일본 복귀를 계기로 본토의 기지가 급속히 줄어들었습니다. 그 결과 오키나와에 75%가 집중하는 형태로 변했습니다. 본토의 기지가 오키나와로 이전한 것입니다.

1972년 본토 복귀 때 구보 다쿠야(久保卓也) 방위국장은 오키나와에 기지를 이전하는 주도적인 역할을 맡습니다. 그는 "기지 문제는 안보에 박힌 가시이다. 도시에 기지가 있는 한 안보자위대 문제에 대해 국민적 합의를 형성하는 것은 불가능하다"고 말하며 기지를 오키나와에 집중시킵니다.

또한 당시 외무대신인 후쿠다 다케오(福田赳夫)는 나하공항에 있던 P3C[8]의 이전지에 대해 "이와쿠니(巖国)[9] 기지나 미사와(三澤)[10]기지로 이전된다면 정치적 문제를 일으킨다"며 일본 본토가 아닌 오키나와의 다른 기지로 이전하도록 미국 정부에 의뢰합니다. 결국 오키나와에 기지를 집중시키고, 문제는 오키나와에 떠넘기는 방향으로 진행되어 오키나와로 부담이 전가됩니다. 오키나와에 있는 기지는 본토로는 이전시키지 않는다고 하는 생각은 현재의 후텐마 비행장 이설 문제에도 그대로 계승되고 있습니다. 이것은 오키나와 차별이라고밖에 말할 수 없습니다.

차별당한 것은 오키나와뿐만 아니다

최근 미군의 재편성으로 오키나와 해병대 일부가 괌으로 이전한다는 이야기가 나오고 있습니다. 괌은 미국령이었습니다만, 전쟁 중에는 일본에 점령되어 원주민인 차모로 사람들은 일본군에게 심한 고통을 당했습니다. 차모로 여성도 일본군을 상대로 억지로 위안부를 강요당했습니다. 일본군에 의한 학살 등의 피해도 받았습니다. 전후 다시 미국령이 되었지만 외부에서 사람들이 들어왔기 때문에 차모로 사람들은 그 후의 인구 변화로 지금은 소

---

8) P3C: 적의 잠수함을 수색, 탐지하고 공격하기 위한 대잠초계기(對潛哨戒機). P-3A를 개량한 것으로 1969년 8월부터 미 해군에 배치되었다.

9) 이와쿠니(巖國): 야마구치현 히로시마만에 있는 도시로 1925년 이후부터 공업도시 및 군사기지로 발달하였으며 현재 미국 해병대와 해상자위대가 공동으로 사용하는 이와쿠니 항공기지가 있다.

10) 미사와(三澤): 아오모리현에 있는 도시로 주일미군 기지와 일본 항공자위대가 주둔하고 있다.

수파가 되었습니다. 전쟁 중 일본군의 피해에 대해서도 목소리를 높일 수 없는 상황입니다. 최근 겨우 목소리를 높이게 되었습니다만, 기지에 의해 그들의 문화나 향토가 파괴되고, 원주민들은 억압당해왔습니다.

미국은 글로벌한 시점에서 약한 곳에 모순을 전가시켜 대응하고 있습니다. 이 점을 우리들은 제대로 의식하지 못하고 있습니다. 기지를 강요당한 괌 원주민의 이야기 등은 일본의 매스미디어도 대부분 다루려고 하지 않습니다. 이런 부분에 대해 지각하지 못하고 의식하지도 못하고 있는 것입니다.

3. 일본 본토의 군사부담 경감과 주변국의 군사화

전쟁책임 불문이 군사동맹의 구실로

일본 이외의 국가들 간의 문제, 특히 아시아 각국과의 관계를 생각해봅시다. 일본은 샌프란시스코 강화조약[11]으로 독립을 회복했습니다. 이 조약의 특징은 일본의 전쟁책임에 대해 언급하고 있지 않다는 점입니다. 전범재판의 판결을 받아들이는 것만은 명기하고 있습니다. 미국은 전쟁책임 그 자체를 조약 내용에 넣지 않으려고 했지만, 다른 나라로부터 심한 반발을 사서 도쿄재판이나 B·C급 전범재판 등의 전범재판을 받아들인다는 조항

---

11) 샌프란시스코 강화조약: 1951년 9월 8일 미국 샌프란시스코에서 조인된 제2차 세계대전의 대일강화조약. 소련, 폴란드, 체코가 조인을 거부해 일본과 48개 국 사이에 조약이 체결되었다.

이 추가되었습니다. 일반적으로 이런 종류의 강화조약에는 패전국의 군비 제한 등을 명기하지만 그것도 넣지 않았습니다. 냉전이 이러한 형태를 만든 것입니다. 배상책임도 불충분하였고, 패전국의 군비확장에 대한 제어장치도 명확하게 하지 않은 평화조약이었습니다.

그러므로 주변국들은 일본의 군사적 부활을 걱정했습니다. 전쟁책임을 명확히 하지 않고, 또한 군비도 제한하지 않은 내용에 불안을 느꼈습니다. 9조는 있지만 이는 어디까지나 한 나라의 헌법입니다. 헌법은 그 나라의 판단에 따라 바뀔 수도 있다는 점에서 9조는 제어장치가 되지 않습니다. 어느 나라도 일본이 독립하면 9조를 바꿀 것이라고 생각하였습니다. 따라서 주변국들은 미국과 군사동맹을 맺고 대응해왔습니다. 필리핀은 미·필리핀 상호방위조약[12]을 맺었는데, 이는 일본의 침략에 대한 방위라는 성격을 갖고 있습니다. 동시에 미일안보조약[13]은 일본의 주변국에 대한 침략을 억제한다는 의미도 있습니다. 즉, 미국의 힘으로 일본을 억누른다는 의미입니다. 이에 대해 일본인 자신은 그다지 자각하고 있지 않습니다만. 주변국 입장에서는 일본이 전쟁책임을 제대로 지지 않았기 때문에 미일안보조약에 의해 미군이 일본에 주둔함으로써 일본이 제멋대로 하지 못하도록 억제한다는

12) 미·필리핀 상호방위조약: 미국과 필리핀 사이에 맺은 군사동맹조약으로 1947년에 군사지원협정과 함께 군사기지협정을 맺었고 1951년 8월 30일에 상호방위조약을 맺었다.

13) 미일안보조약: 1951년 샌프란시스코 평화조약이 체결된 같은 날 맺은 조약으로, 미군의 일본 주둔을 허용하고 극동의 평화와 안전을 위해 기지를 사용할 수 있는 권리를 미국에 인정한 조약이다. 6조에서는 "일본국의 안전에 기여함과 더불어 극동의 국제평화 및 안전유지에 이바지하기 위해 미국의 육군·공군 및 해군이 일본국에서 시설 및 구역을 사용하도록 허용한다"고 규정하고 있다.

의미도 있는 것입니다. 이른바 '병마개'로서의 안보입니다. 또한 일본에 대한 불신감이 남아 있는 점은 미국이 각국과 군사동맹을 맺어 기지를 확보해 가는 절호의 구실이 되었습니다.

앤저스 조약[14]이 있습니다만, A가 호주, NZ가 뉴질랜드, US가 미국입니다. 이는 군사동맹이지만, 미·필리핀 상호방위조약과 매우 유사합니다. 이들 국가가 두려워하는 것은 일본의 군국주의가 부활하는 것입니다. 앤저스 조약 전문에서는 필리핀에도 오키나와에도 미군이 주둔하는 것을 명기하고 있습니다만, 이는 미군이 일본의 군대와 침략에 대한 제어 역할을 담당한다는 것을 나타내고 있습니다.

이런 점에서 일본이 전쟁책임을 애매하게 해온 결과가 미국이 이들 국가와 군사동맹을 맺게 한 요인이 되었다고도 할 수 있을 것입니다. 냉전이라는 요인도 있습니다만, 이러한 군사동맹을 맺게 한 배경은 일본에 대한 방위책이기도 했던 것입니다. 주변국들의 일본에 대한 경계심 때문이라고 할 수 있습니다.

현재에도 동아시아는 EU처럼 통합되어 있지 않은 상황입니다. 미국은 이것을 이용해 결국 미일안보조약을 유지하고 동아시아지역에 분단상황을 만들어간 것입니다.

---

14) 앤저스 조약(ANZUS Treaty): 1951년 9월 호주, 뉴질랜드, 미국의 3개 국 사이에 체결된 군사동맹조약. 태평양지역의 방위를 위한 군사적 협력을 목적으로 하고 있으며 태평양안전보장조약(Pacific Security Pact)이라고도 한다. 그러나 1984년 집권한 뉴질랜드의 롱이 정권이 반핵정책을 내걸어 1986년에 미국과 뉴질랜드의 군사동맹을 파기함으로써 현재는 사실상 미-호주 사이의 동맹조약이 되었다.

전범석방이 초당파적으로 강행되다

1950년대에 미국은 일본에 군비확장을 요구해왔습니다. 1953년에 닉슨 부통령이 방일하여 헌법 9조는 잘못된 것이라고 말한 것은 유명한 이야기입니다. 그러나 재군비 요구가 많은 일본인들로부터 반발을 사게 되자 이런 방식은 오히려 좋지 않다고 생각하게 되었습니다.

일본이 미국의 동맹국에서 떨어져나가 중립이 되거나 미일안보조약을 폐기하게 되면 미국으로서는 큰 타격을 받습니다. 일본에 군사적 요구를 강요하게 되면 일본 국민의 반발을 사서 오히려 좋지 않다는 것을 미국은 깨닫게 됩니다. 따라서 군사적 요구는 억제하고 일본의 경제적 안정을 바라는 쪽으로 바뀌게 됩니다. 나아가 미국의 지상부대를 본토에서 이동시켰습니다. 일본을 미국 측으로 확보해두는 정책으로 전환합니다.

전범 문제와 관련해 공산당이 정권을 잡은 중국은 전범에 대해 대단히 관대한 정책을 취해, 구류하고 있던 대부분의 전범을 일본으로 돌려보냈습니다. 또한 1956년에는 일소 국교회복이 이루어져 시베리아에 억류되어 있던 군인들이 돌아왔습니다. 중국의 관대한 정책은 명확하게 일본과의 관계 개선을 요구하는 메시지였습니다.

당시 일본은 타이완으로 도망친 국민당 정부와 국교를 맺고 있었고 대륙의 중화인민공화국과는 국교가 없는 상태였습니다. 공산주의 국가가 전범 문제에서 유화적인 대응을 취한 것에 대해 일본 정부는 이를 이용합니다. 금고형으로 스가모(巢鴨)형무소에 수감되어 있던 전범의 석방 문제에 대해 일본 정부는 공산주의 국가인 중국이 전범을 석방했는데 영미 등 서방

도쿄재판의 피고인인 전범들이 수감되었던 스가모형무소

각국이 전범의 형집행을 계속한다면 일본 국민은 공산주의 국가에 공감하고 서방 국가에 대해 반감을 갖게 될 것이다. 이는 미일동맹을 위태롭게 할 위험이 있다라고 협박하며 전범의 조기석방을 요구한 것입니다. 미영 등은 전쟁범죄나 전범재판 그 자체를 부정하는 듯한 일본 정부의 주장에 반발했지만, 반기지운동이나 원수폭금지운동[15] 등으로 반미적 기운이 확산되는 상황에서 너무 강하게 나가면 일본 국민의 반발이 더욱 심해져 일본이

---

15) 원수폭금지운동: 1954년 미국이 남태평양의 비키니섬에서 실시한 핵실험의 방사능 낙진에 의해 일본 선원들이 피폭된 것을 계기로 전국적으로 확산된 시민운동이다. 도쿄 스기나미구에 사는 주부단체가 시작한 원수폭금지 서명운동이 확산되면서 전국적인 운동으로 발전하였고 1955년에는 히로시마에서 제1회 원수폭금지 세계대회가 개최되었다.

미국에서 떨어져 중립국이 되는 것은 아닌지 우려했습니다. 따라서 서서히 전범을 석방하지 않을 수 없게 되었고 1958년 말까지 복역 중인 모든 전범이 감형 석방되었습니다. 일본에서의 전범석방운동은 보수와 혁신을 초월한 초당파운동으로 전개되었습니다. 공산당은 석방에 반대했던 것 같습니다. 전범석방운동은 일부 전범에게만 떠넘겼던 전쟁책임 문제를 일본 국민 전체가 떠맡는 것이 아니라 조기에 전범석방을 실현해서 이 문제를 종결된 것으로 하려는 운동이었다고 말할 수 있을 것입니다. 냉전 상황을 이용해 이를 실현한 일본 정부의 방식은 교묘했다는 인상을 줍니다.

어쨌든 미국이 일본 국내 상황을 두려워하며 일본을 동맹국으로 확보해 두기 위해 여러 가지 양보를 거듭한 것이 1950년대 중반이었습니다.

본토의 반발로 핵무기도 오키나와로

이야기를 되돌려, 이러한 것이 주변국에 어떤 영향을 미쳤는가를 보면 군사적 요구나 부담을 한국과 타이완에 대해 강요했다고 할 수 있습니다. 조금 전에 보신 오키나와도 마찬가지입니다. 당시 1950년대부터 1960년대의 군대규모를 보면, 타이완은 50만 명, 한국은 60만 명이었습니다. 일본 자위대는 육상, 해상, 항공 자위대를 합쳐 25만 명 정도였기 때문에 각국의 인구나 경제 규모에서 보면 한국, 타이완의 부담은 대단히 큰 것입니다. 그리고 미국의 지상 전투부대는 오키나와, 한국 등으로 옮겨졌습니다.

핵무기에 대해서도 같은 상황이 벌어집니다. 일본에서는 핵무기 배치에 대한 반대가 커지고, 원자폭탄 그 자체에 대한 반발이 더욱 커집니다. 일본 국민의 핵무기에 대한 반발로 인해 1950년대 후반 일본 본토에 있던 핵무기를 한국과 오키나와로 이전합니다. 한국에는 1958년경부터 핵미사일, 핵지뢰 등을 배치하기 시작합니다. 오키나와에는 1957년부터 메이스B[16] 중거리 핵미사일 등을 배치합니다.

온나손 소재 오키나와 이케다 평화기념공원
미군의 메이스(MACE) B로 불리는 핵미사일 기지였던 곳이 창가학회 오키나와 연수장 부지에 있다.

　오키나와에 핵미사일이 배치된 곳은 요미탄손(讀谷村)[17]과 온나손(恩納村)[18]입니다. 온나손의 발사대는 지금도 있습니다. 안내 책자에는 나오지

16) '메이스 B'란 날개가 있는 중거리 유도핵미사일로, 길이 13m, 사정거리 2,200km다. 위력은 0.2Mt(TNT 화약 20만 톤=히로시마형 원폭에 상당)이다.

17) 요미탄손(讀谷村): 오키나와현 오키나와섬 중서부의 나카가미군(中頭郡)에 속하는 지역. 제2차 세계대전 당시 미군의 상륙 지점으로 초토화된 아픈 역사를 가지고 있으며 현재 두 곳의 미군 시설은 요미탄손의 36%의 면적을 점하고 있다.

18) 온나손(恩納村): 오키나와현 오키나와섬 구니가미군(國頭郡)에 속하는 지역.

않지만 창가학회의 연수시설 안에 평화박물관이 되어 남아 있습니다.

9조 유지와 부담 전가

일본의 주변국들을 되돌아보면 한국은 1950년대 이승만 정권에서 1960년대 박정희 정권으로 이행됩니다. 독재정권은 계엄령을 발포하고 군사화를 추진합니다. 타이완은 반공체제, 국민당 독재가 1980년대까지 계속됩니다. 오키나와는 1970년대 초까지 미국의 군사점령 하에 있었습니다. 일본 본토는 신헌법 하에서 나름대로 자유가 있었지만 그 모순이 이들 나라와 지역에 떠넘겨져 민중은 신음하고 있었던 것입니다. 마르코스 독재정권 하의 필리핀에서도 민중에게 자유는 없었습니다.

그 지역들은 과거에 일본이 점령 또는 식민지로 삼았던 지역으로 이러한 뒤틀린 구조에 있었던 것입니다. 일본 본토의 비군사화 또는 군사부담의 경감이 진행되어 핵무기가 없어지고(적어도 표면상으로는 배치 또는 비축되지 않게 됨) 군사기지 등이 줄었지만 그 부담이 주변 지역으로 옮겨진 것입니다. 그리고 이들 지역의 정권은 민주주의와는 거리가 먼 독재정권 또는 군사정권이 되어 미국의 군사력과 일본의 경제지원에 의해 지탱되어왔던 것입니다.

이런 점에서 미국은 동아시아 전체를 시야에 넣고 어느 부분에서 저항이 있으면, 다른 지역으로 군사적 부담을 강요하는 구도로 대응해온 것입니다. 그 속에서 일본은 운 좋게 그다지 군사부담도 지지 않고 경제발전을 해왔습니다. 어쨌든 헌법 9조를 유지해왔습니다. 그러나 이것은 주변국에 대한 부담 전가와 세트를 이루고 있는 셈입니다.

당시의 일본 평화운동의 성과를 부정할 생각은 없습니다. 이제 와서야 인식하게 되었다고 할 수 있지만 동아시아 사람들의 사정까지 보지 못했던 것도 사실입니다. 보지 못했기 때문에 이들 지역에 부담이 전가되었다고 할 수 있습니다.

일본의 전토기지 방식의 의미

염려가 되어 말씀드립니다만, 이것은 미국이 일본을 중시했다는 것을 의미하는 것은 결코 아닙니다. 일본 국민의 반발을 사서 배치전환을 했을 뿐이라는 사실입니다.

미일안보조약은 원래 일본 전토가 기지가 될 수 있다는 전토기지 방식을 채용하고 있습니다. NATO의 경우, 특정 장소를 설정하고 특정 목적을 정해서 기지를 두는 대여협정을 맺고 있습니다. 그 목적이 끝나면 반환한다는 것이 정해져 있습니다. 기지 변경 등은 일반적으로 그 자체로 엄청난 문제이지만 일본의 경우 그것이 기본적으로 용이합니다. 미국 입장에서 보면 유연한 내용으로 되어 있습니다.

어떻게 해서 이런 방식이 되었는가를 보면, 1949년 이후 맥아더가 이끄는 극동군이 전쟁이 일어났을 때의 작전계획을 만들었습니다. 그것이 'Gunpowder(火藥)'라는 계획인데, 이것은 예를 들어 소련과 핵전쟁을 할 경우 기지가 고정되어 있으면 핵전쟁을 할 수가 없게 됩니다. 따라서 핵전쟁에 대응해 유연한 핵 전략·전술을 요구합니다. 미군은 자유로이 일본 국내를 이동하며, 핵전쟁을 수행한다는 방식을 채용해 이에 대응한 기지 방식으로 전토기지 방식을 채용한 것입니다. 이것이 지금의 안보체제의 실태입니다.

미군은 일본 전토를 자유로이 이동하면서 전쟁을 수행한다는 것이 안보 조약의 핵심입니다. 그러한 핵전쟁을 일본 전토에서 하게 된다면 거기에 살고 있는 일본 국민은 어떻게 될까요? 원래부터 미군은 일본 국민 또는 일본을 지킨다는 발상은 전혀 없었고 소련과의 전쟁시에 일본 국토를 사용해서 싸우기 위한 기지를 둔 것뿐입니다.

4. 식민지 지배에 대한 반성·보상의 결여

1965년에 한일기본조약이 맺어지고 국교회복이 이루어졌습니다. 그 내용을 둘러싸고 일본 국내외에서 반대운동이 맹렬하게 일어났습니다. 북한을 극심하게 적대시하고 박정희 정권을 강력하게 지원하여 분단이 깊어지게 된다는 점에서 일어난 것입니다. 재일 연구자들은 한국 민중에 대한 배려가 전혀 없는 협정이라는 입장을 취하였고, 과거 식민지배에 대한 반성이 충분하지 않다는 점도 비판했습니다. 한국에서 군사정권과 싸우고 있는 민중과의 연대라는 관점은 있었다고 생각됩니다만, 식민지 지배 하에 있었던 피해자들의 문제는 충분히 제기되지 않은 것이 아닌가라는 비판이 있었습니다.

조약체결의 당사자인 자민당 정부는 군사정권을 지원해서 식민지 시대와 전쟁 중에 피해를 입은 민중의 분노와 배상을 요구하는 민중의 소리를 억눌러왔습니다.

당시 혁신파는 중국 혹은 북한과의 우호운동을 전개하고 있었지만, 지금에 와서 보면 그 운동은 각국 지배자와의 우호로 시종일관하고 있다고 할 수 있습니다. 중국과의 교류에서도, 조선민주주의인민공화국과의 교류에서도 국가와 당 간부와의 교류로 끝나고, 민중 특히 전쟁과 식민지 지배로 인해 피해를 입은 사람들과의 우호연대는 아니었습니다. 당시 상황에서는 그렇게 할 수밖에 없었다고도 할 수 있지만 어찌됐든 냉전 상황에서 민중은 분단되었다고 말할 수 있겠습니다.

다른 나라와의 경우도 마찬가지입니다. 피해를 입었던 민중의 소리를 받아들여 구제하지 못하고 오늘날까지 왔습니다. 아시아 피해자들의 소리를 들을 수 있게 된 것은 최근 20년에 불과합니다. 민중의 소리를 듣는 노력을 충분하게 해오지 못한 것은 아니었을까요? 자민당 정부도 그렇지만 운동을 하고 있는 사람들도 마찬가지라고 할 수 있습니다.

일본 정부는 1950년대부터 동남아시아의 일부 국가에 배상하였습니다. 이것은 일본 기업에 대해 공공사업을 제공한다는 의미도 있었습니다. 당시 사회당은 배상액이 일본의 지불 능력을 초월하고 있고, 앞으로 20년간 일본의 납세자는 그 부담을 짊어져야만 한다는 견해를 밝히고 있습니다. 이와 같은 견해에는 필리핀 피해자에 대한 배려는 전혀 보이지 않습니다. 이 정도 식견밖에 없었다고도 할 수 있습니다. 동아시아·동남아시아 각국은 군사정권과 독재정권이 많았기 때문에 민중끼리 연대한다는 것은 상당히 어려운 조건이었던 것이 사실입니다. 그러나 일본 측 운동방식에도 문제가 있었던 것은 부정할 수 없습니다.

5. 앞으로의 과제

지금까지 전후 동아시아 속에서 일본국 헌법에 관해 생각해보았습니다. 이와 관련해 몇 개의 문제에 대해 언급하고 싶습니다.

군부만이 전쟁을 부추긴 것은 아니다

우선 도쿄재판을 보는 관점과도 연결되는 것이지만, 전전의 일본 사회를 파악할 때 소수의 수뇌부가 나빴다고 인식하는 방식의 문제점을 지적할 수 있습니다. 1930년대 상황을 보면 군부가 나쁜 것은 틀림없지만 나쁜 것은 군부만이 아닙니다. 정당 정치가가 전쟁을 선동하였습니다. 특히 정당 내각이 1932년 5·15 사건[19]으로 무너집니다. 그러자 잃었던 힘을 회복하기 위하여 정당이나 정치가는 배외주의로 치닫게 됩니다. 그 이전부터도 그랬습니다. 런던군축회의[20] 때도 그랬습니다. 배외주의를 이용해 오히려 반(反) 중국을 부추겼습니다. 중국을 응징하라고 부추기고 군의 기세에 오히려 편승했던 것입니다. 그리고 인기를 얻으려고 움직였습니다.

신문 등의 미디어도 마찬가지로 배외주의를 부추겼습니다. 전쟁을 부추

19) 5·15 사건: 1930년에 런던 해군군축조약을 체결한 전 일본 총리 와카쓰키 레이지로(若槻礼次郎)에 대해 불만을 가지고 있던 해군장교들이 1932년 5월 15일에 군의 축소를 지지하고 있던 내각총리대신 이누카이 쓰요시(犬養毅) 관저에 난입해 수상을 살해한 사건이다. 이 사건으로 일본의 정당정치는 쇠퇴하였으며 군부의 정계 진출이 이루어지고 군국주의로 나아가는 계기가 되었다.

20) 런던군축회의: 1930년 1월 21일부터 4월 22일까지 영국에서 개최된 미국, 영국, 프랑스, 이탈리아, 일본 등 5개국 간에 해군 군비제한에 관해 규정한 국제회의이다. 1935년 12월 제2회 군축회의가 개최되었으나 국가 간 대립이 격렬하였고, 일본은 1936년에 탈퇴하였다.

김에 따라 발행부수를 급속히 늘려갔습니다. 전쟁이 신문 확장의 재료가 된 것입니다. 자기 지역 출신 병사들은 이렇게 분발하고 활약한다는 기사를 썼습니다. 이러한 전황보도에 의해 전쟁을 고양시키고 배외주의를 부채질함으로써 신문은 계속 팔려나갔습니다. 정치가도 거기에 편승했습니다. 이 점에서는 지금도 마찬가지입니다. "중국은 무례하고, 북한은 괘씸하다"는 식으로 하면 지금도 팔리는 것과 똑같습니다. 미디어의 모습은 지금도 마찬가지입니다.

물론 군대 내부에서는 적극적으로 전쟁을 일으키고 싶다는 세력도 있지만, 냉정한 쪽도 있습니다. 전쟁을 합리적으로 생각하는 사람들도 있습니다. 그러한 사람들과 비교하면 오히려 정치가와 매스컴, 국민 쪽이 배외주의가 강한 측면이 있습니다.

1930년대에 불황으로 인해 경제가 침체되고 생활이 어렵고 불안정하게 되자 강한 지도자를 기대하는 분위기가 생겨났습니다. 불만의 배출구로서 적을 만들어 거기에 불만과 분노를 터뜨리는 가운데 전쟁은 확대되어간 것입니다. 당연히 언론은 통제되고 있었기 때문에 배외주의에 대한 제동도 걸리지 않았고 상호작용으로 상황이 가열되면서 전쟁이 확대되어나갔습니다.

이런 상황을 고려할 때 전쟁이 마지막까지 멈추지 않고 확대되어간 것은 군부 지도자들만 잘못되었다는 논리는 설득력이 없습니다. 천황도 민중도 모두 군부의 지도자들에게 속은 피해자라는 전쟁관을 극복할 필요가 있습니다. 물론 민중에게도 국가와 군의 지도자들과 똑같은 책임이 있다고 지적하는 것은 아니며, 지도자들 쪽의 책임이 훨씬 무겁다는 것은 말할 필요도 없습니다. 하지만 민중 자신도 제대로 반성하지 않으면 안 된다고 생각합니다.

일국주의적인 안전보장관을 극복한다

전후 일본 사회에서는 전쟁을 강하게 거부하는 의식이 많은 일본인들 사이에서 생겨나고 유지되어왔습니다. 어떤 문제가 있어도 전쟁이 아닌 방법으로 사태를 해결하려는 의식이 강한 것은 사실입니다. 이것은 일본 사회의 귀중한 재산입니다. 어떻게든 계승해가고 싶은 재산입니다. 이러한 평화의식에 의해 지지된 헌법 9조가 일정한 역할을 수행해온 것도 사실입니다. 자위대의 해외파병, 유사법제,[21] 무기수출, 핵무기 문제, 그밖에 여러 문제에서 일본의 정책을 규제하고 일정 부분 제어하는 역할을 담당해왔습니다.[22] 물론 그 제어역할이 점점 무너지고 있는 것도 사실입니다.

이러한 적극적인 측면을 전제로 한 논의입니다만, 전후 동아시아 역사를 볼 때 다음의 두 가지를 지적할 수 있습니다. 첫 번째는 일국주의적인 시야를

21) 유사법제: 일본이 외국으로부터 무력침공이나 침략을 받았을 경우에 국가 차원의 대책을 규정한 2003년에 성립된 일련의 법률을 말한다. 무력공격사태 대처관련 3법을 비롯해 유사시에 국민 보호, 특정 지방공공단체의 이용에 관한 규정, 미군행동관련조치 등에 관한 법률이 있다.

22) 전쟁포기와 전력 불보유를 선언하고 있는 헌법 9조는 일본 정부의 방위정책에 일정한 제한을 가하는 역할을 담당해왔다. 일본 정부는 자위대가 자위를 위해 필요한 최소한의 병력이기 때문에 헌법이 금지하고 있는 전력이 아니라는 해석을 제시하면서도 자위대의 방위를 전수방위(專守防衛)에 국한해 집단적 자위권의 행사와 자위대의 해외파병을 금지하는 입장을 견지해왔다. 또한 핵무기를 보유하지도 않고 만들지도 않으며, 반입하지도 않는다는 비핵 3원칙을 견지해왔고, 공산권 국가와 UN결의에 의해 무기 수출이 금지된 나라, 국제분쟁의 당사국 및 그럴 우려가 있는 국가에 대해 무기 및 무기기술의 수출을 금지한다는 무기 수출 3원칙을 견지해왔다.

극복한다는 것입니다. 전후 일본의 논의는 9조를 옹호할 때 비동맹중립 또는 비무장중립이라는 사고를 전면에 내세웠습니다. 그러나 이것은 일국 단위에서 사고하는 것입니다. 그렇게 생각하지 않을 수 없었던 것이 냉전이었습니다. 일본이 밖으로 나가 곧바로 무언가를 할 수 있는 구조는 아니었습니다. 비무장중립이 어떤 의미에서는 현실적이었는지도 모릅니다. 다만 일국만으로는 모순이 해결되지 않고 다른 곳으로 옮겨질 뿐으로, 해결되지 않는 현실에 직면하게 되는 것입니다. 1950년대부터 이러한 모순이 반복되어왔습니다.

그러나 지금 동아시아 지역 전체의 과제로서 안전보장 문제에 대응하지 않으면 방법이 없다는 것을 깨닫기 시작했습니다. 동아시아라는 틀 속에서 과제를 생각하게 되었습니다. 동아시아의 틀 속에서 볼 때 아세안[23]도 그렇고 상하이협력기구[24]도 그렇습니다. 일국 단위로서는 안전보장을 생각할 수 없는 것입니다. 지역 전체로서 생각하는 대응방식이 당연시되게 되었고, 다국 간이라는 관점에서 생각하게 되었습니다. 자신이 가해자가 되지도 않고 피해자가 되지도 않는, 공격도 하지 않고 공격도 받지 않으며, 적을 만들지도 않고 적이 될 만한 관계를 만들지도 않으며 서로 협력해 상호이익이 되

23) 아세안(ASEAN): 동남아시아의 지역협력기구로서 1961년에 창설된 동남아시아연합(ASA)의 발전적 해체에 따라 1967년 8월 8일에 설립되었다. 가입국은 필리핀, 말레이시아, 싱가포르, 인도네시아, 타이, 베트남, 라오스, 미얀마, 캄보디아, 부르나이의 10개 국으로 동남아시아 지역의 경제적·사회적 기반 확립을 목적으로 하며, 정상회담, 각료회의를 주요 활동으로 한다.

24) 상하이협력기구: 중국, 러시아와 중앙아시아 4개국(우즈베키스탄, 카자흐스탄, 키르기스스탄, 타지키스탄)이 가맹한 지역협력기구이다. 2001년 회원국 간의 군사, 정치, 경제, 무역, 과학기술, 문화 등의 포괄적 협력을 추구하여 발족되었으며, 지역안전보장을 위한 합동군사연습, 석유나 천연자원 등 에너지 분야에서의 협조에 중요한 역할을 하고 있다.

는 안전보장 방식, 네트워크를 만들어가는 것이 추구되고 있습니다. EU는 그러한 방향으로 진행해가고 있으며 아시아에서도 그러한 방향을 지향해 가기 시작했습니다.

여러 가지 문제나 모순을 지역에서 종합적으로 서로 해결해가는 것을 기본 발상으로 하였으면 좋겠습니다. 헌법 9조의 문제도 마찬가지입니다만, 일국만이 아닌 다국 간 안전보장을 지향하고, 그 틀을 구축해 가는 것이 중요합니다.

예를 들면 6자 회담도 이러한 움직임의 하나입니다. 북한 문제를 다국 간에 협의해간다는 것은 바람직한 방안입니다. 물론 문제도 있지만 일회일비하지 말고 전체적인 관점에서 안전보장을 생각하는 방안 중 하나의 실천이라고 생각합니다.

다국 간 안보의 관점에서 제기되는 일본 군사력의 방식

안전보장과 관련해 헌법 9조의 문제도 생각해볼 수 있는데요. 이 문제는 아무래도 국제적인 경찰력을 어떻게 해야 하는가의 과제에 직면하게 됩니다. 일본이 완전한 비무장으로 간다는 선택지를 취한다고 해도 국제사회에서 군대·군사력의 존재는 그렇게 간단히 없어지지는 않을 것입니다. 미국에게 국제적인 경찰 역할을 맡기는 상황은 빨리 없애야 하지만 국제적인 틀 안에서의 경찰력, 달리 표현하면 군사력이라고 할 수 있는데요. 이것을 어떻게 할 것인가 하는 문제는 피할 수 없다고 생각합니다. 이 점을 포함해 동아시아의 안전보장의 틀을 만들어가는 것이 필요할 것입니다. 공생·공존의 사상입니다.

물론 안전보장이라는 것은 단지 군사만은 아닙니다. 테러, 해적 문제에서 환경, 마약, 인신매매, 에이즈, 식량 등 다방면에 걸쳐 있습니다. 협력관계를 구축해가는 가운데 군사력의 비중을 낮추면서 일국이 아닌 다국 간 관계의 안전보장을 지향해나가는 것이 중요합니다.

민중 차원에서의 연대 가능성의 확산

또 하나는 동아시아 민중의 연대 가능성의 문제입니다. 1990년대에 들어와 이미 현실 문제로 명확하게 부상하고 있습니다. 종래는 교류가 적었지만 정보교류가 활발해져서 서로 오가게 되었습니다. 예를 들면 한국의 미군기지의 실태를 알 수 있게 된 것은 바로 1990년대 후반부터입니다. 역시 민주화의 진전입니다. 타이완도 필리핀도 중국도 점진적으로 정보교류가 시작되었습니다. 교과서 문제에서는 한중일의 협력, 특히 한일의 협력이 진행되었습니다. 서로가 지원을 하고 있습니다. 한국과 오키나와의 교류도 급속히 진행되고 있습니다.

다만 기지 문제 등에서는 일본 본토와 한국 간에 교류가 이제 막 시작된 단계입니다. 그렇지만 기지 문제에서도 최근 자신들의 문제를 해결하고자 할 때, 다른 지역에 대한 영향 등을 종합적으로 고려하며 대응하려는 움직임도 나오고 있는 것을 볼 수 있습니다. 정보교환을 하면서 해결하고자 하는 공동행동이 진전되고 있습니다. 국제적으로도 반(反) 미군기지의 세계적인 네트워크가 만들어지고 있습니다.

이러한 의미에서 동아시아 또는 이것을 넘어선 민중 차원의 연대가 형성되고 있습니다. 1950년대, 1960년대의 문제점에 대해 조금 전에 비판했지만 아마 당시에는 그와 같은 상황을 알 수도 없었고, 여러 가지 의미에서 이해할 수 있는 환경은 아니었다고 생각합니다.

9조에 새로운 의미를 부여하는 국제적 작업을

헌법에 어떤 의미와 생명을 불어넣을까 하는 과제에 대해 말씀드리고
자 합니다. 헌법 9조는 아시아에 대한 부전(不戰)의 맹세라고 일컬어집니
다. 이 점을 처음으로 지적한 사람은 찰머스 존슨(Chalmers Johnson)[25]인데,
이러한 표현을 쓰기 시작한 것은 최근의 일입니다. 분명히 10여 년 전이라
고 생각합니다. 헌법 9조를 만들었을 때는 이러한 발상은 없었습니다. 그렇
기 때문에 이 발상은 운동을 하는 가운데 생겨난 새로운 발상입니다. 게
다가 미국인이 제기한 발상입니다. 이런 점에서 일본국 헌법은 일본인만의
문제가 아니라 국제적인 민중의 공동의 힘으로 만들어가는 것이 되었습니
다. 본래 일본국 헌법 그 자체가 전 세계의 예지를 모아 만든 것이지만 여기
에 새로운 의미, 생명을 불어 넣는 작업도 국제적인 민중의 공동 작업이 되
는 것입니다.

헌법을 지키는 것보다 지금을 살아가고 있는 우리들이 지금의 9조에 어
떠한 생명을 불어넣을까가 과제라고 생각합니다. 그렇게 하지 않으면, 이
번 괌으로의 기지 이전 문제 등에 대해 "이전해서 다행이다"라는 식으로 끝
나게 됩니다. 그렇게 해서는 전혀 문제가 해결되지 않겠지요.

25) 찰머스 존슨: 미국의 저명한 국제정치학자로 동아시아 전문가.
1982년 통산성 주도의 경제성장을 분석한 『통산성과 일본의 기적』
으로 일본 전문가로서 널리 이름을 알리게 되었다. 그는 융커만(John
Junkerman) 감독이 제작한 『일본국 헌법』이라는 다큐멘터리 영화에
서 '헌법 9조는 아시아에 대한 부전의 맹세'라는 지적을 하였다.

자위대에 대한 논의도 필요하다

현 상황에서 자위대를 보았을 때, 어떤 군대가 된다면 좋을 것인지에 대한 논의도 해야 한다고 생각합니다. 또한 미일안보가 병마개로서의 역할이라는 의미도 있기 때문에 단순히 안보조약을 파기하면 된다는 방식으로는 주변국을 납득시킬 수 없다고 생각합니다. 우선 일미안보는 어떻게 할 것인지에 대한 논의를 제대로 하지 않으면 안됩니다.

헌법을 지키려는 것뿐만 아니라 앞으로 자위대를 어떻게 운영할 것인지의 그 양과 질의 문제, 나아가 미일안보를 어떻게 운영하고, 어떻게 동아시아 네트워크를 만들어 거기에 편입시킬 것인지에 대한 정책을 확실하게 제시할 필요가 있습니다. 그런 가운데 미일 안보체제의 해체와 자위대의 대폭적인 축소, 재편 혹은 폐지를 자리매김해갈 필요가 있습니다. 단지 헌법을 지킨다고 하는 발상을 넘어 행동으로 시작했으면 합니다. 자민당적인 사고가 아니라 우리 자신이 헌법을 새롭게 실천하고 전개해나갔으면 좋겠습니다.

자위대에 대한 정책과 관련해 말하자면, 일본에서는 군대 연구가 뒤쳐져 있습니다. 어찌되었든 군대만 없애면 모든 것이 해결되며, 자위대 연구를 하는 것 자체가 자위대를 긍정하는 것이라는 인식이 군대 연구를 저해한 하나의 요인이 아닌가라고 생각합니다. 제가 자위대의 민주화라는 이야기를 하였을 때 민주화된 군대라는 것은 있을 수 없기 때문에 그런 논의 자체가 이상하다는 비판을 받은 적이 있습니다.

이러한 이유로 자위대에 대한 민주적인 규제, 통제가 매우 소홀해져 왔습니다. 전시 국제법, 최근의 표현으로 말하자면 국제인도법 연구도 뒤쳐지고 있습니다. 자위대와 방위성은 이러한 연구를 하고 있고 군사평론가도 몇 명 있습니다만, 평화헌법의 정신을 살리는 방향에서의 연구는 거의 없다고 해도 좋을 것입니다. 이것은 전후 호헌파가 회피해온 문제입니다.

상관의 부당한 명령에 대해 대원은 어떻게 해야 하는가? 자위대의 전투 임무와 시민의 안전이 모순될 경우에 어떤 행동을 취해야만 할까? 대원에 대한 인권교육, 국제법 교육을 어떻게 해야만 할까? 등 심각한 문제가 많습니다. 또한 최근에 자위대는 이지메와 자살, 성희롱, 마약, 매춘 등 실로 많은 문제를 안고 있습니다. 동아시아의 긴장을 완화하고 군축을 진행하며 군사력의 역할을 줄여간다고 하는 방향에서 자위대・군대 연구와 정책제언에 본격적으로 착수해야만 할 때라고 생각합니다.

3장

동아시아 '과거 극복'의 현재적 의의

마지막 주제는 '과거 극복'입니다. 일본이 예전에 행했던 전쟁, 그리고 식민지 문제의 극복에 대해 다루고, 특히 그것이 동아시아의 전후에 어떤 의미를 갖는가 하는 문제에 대해 생각해보고자 합니다. 특히 한국에 대해 구체적으로 다루려고 합니다. 근래에 강제연행·강제노동, '위안부' 문제 등이 크게 문제가 되고 있습니다. 왜 지금 한국에서 이와 같은 문제가 거론되고 있는 것일까요? 일본에서는 왜 이제 와서 식민지 문제나 그 외의 문제가 반복하여 거론되고 있느냐는 감정이 있습니다.

동아시아에서의 과거극복이라는 관점에서 볼 때, 냉전시대와 그 후에 이들 문제는 어떻게 다루어져왔는가를 의식하면서 이야기하고자 합니다.

일본에서 전후보상을 생각할 경우 전쟁책임 문제와 식민지책임 문제가 겹쳐집니다. 식민지로서의 한반도, 타이완 등이 큰 비중을 차지하고 있습니다.

1. 일본의 전전·전중·전후의 연속성

먼저 일본의 전전·전중·전후의 연속성부터 시작하겠습니다. 지금 '위
안부' 문제가 미국 의회 등에서 문제가 되고 있습니다만, '위안부'에 관한 자
료를 소개하겠습니다.

'위안부'는 폭력적인 연행이 아니더라도 범죄였다

1938년 11월 내무성 경보국(현재의 경찰청)이 작성한 '중국도항 부녀자
에 관한 건(支那渡航婦女に關する件伺)'이라는 문서가 있습니다. 참의원
의원이었던 요시카와 하루코(吉川春子)[1] 씨가 요구하여 정부가 제출한 자
료입니다. 1931년 이후 만주사변, 상하이사변[2] 등에 의해 일본군이 중국 대
륙에 파견됩니다. 1932년에는 최초로 상하이에 위안소가 설치됩니다. 이
것이 본격적인 일본군 위안소의 시초라고 할 수 있겠지요. 군대에서 의뢰
를 받은 업자들이 일본 국내에서 여성들을 모아 중국으로 보냅니다. 이 일
에 경찰이 협력합니다. 당시에도 매춘 목적으로 여성을 해외로 도항시키는
것은 금지되어 있었습니다. 형법에 범죄행위로 규정하고 있습니다. 경찰은
상하이의 일본군 위안소로 여성을 속여 데려가려는 업자를 검거합니다. 이

---

1) 요시카와 하루코(吉川春子): 1983년부터 일본공산당 소속으로 24
년 동안 참의원 의원으로 활동하였으며 전시의 성적 강제 피해자 문
제 해결 촉진을 위한 법률안을 제안하였다. 저서로 위안부 문제를 다
룬 『아시아의 꽃들에게 』(가모가와 출판사)가 있다.

2) 상하이사변: 1932년과 1937년의 두 차례에 걸쳐 상하이에서 발생
한 중국과 일본 간의 무력충돌사건.

업자는 국외이송유괴죄와 국외이송죄로 기소되어 마지막에는 대법원에서 유죄가 확정됩니다. 여성들을 속여 매춘 목적으로 해외로 이송하는 것은 유죄입니다. 일본군을 위한 '위안부'라는 목적이지만 당시의 법률로 처벌한 것입니다.

일본군 '위안부'에 대해, 아베(安倍) 수상 등은 폭력적으로 연행한 것만이 문제인 듯이 말합니다만, 속여서 데려가는 것도 범죄입니다. 결코 오늘날의 기준으로 그런 것이 아니라, 1930년대의 법률에 비추어서도 위법인 것입니다. 이러한 범죄를 아직도 정당화하려는 정치가들과 일본 정부의 지도자들이야말로 부끄러워해야 할 존재이지요.

대법원 판결이 확정된 것이 1937년 초입니다. 그러나 머지않아 중일전쟁이 시작됩니다.

중국의 일본군 위안소는 급속히 확대되어 각지에 설치됩니다. 일본에서 여성들이 '위안부'로 끌려옵니다. 군은 계속 업자에게 여성 모집을 요청합니다. 범죄인 줄 알면서도 경찰은 모르는 체하며 여성 송출에 협력합니다.

이 자료는 1938년 11월 중국 화난(華南)에 있던 일본군의 요청으로 내무성 경보국이 현(縣)의 지사 등에게 지시하여 국내에서 약 500명의 여성을 조달하는 일련의 문서입니다. 경보국은 오사카부(大阪府)와 효고현(兵庫縣) 등 5개 부현에 할당하여 여성을 모집합니다. 지사도 관여하고 있습니다. 예를 들면 오사카에는 100명이 할당되었습니다. 경찰이나 행정은 묵인하는 정도가 아니라 조직적으로 여성을 모집하고 있습니다. 그러나 통달(通達)에는 군대나 경찰이 협력하는 점은 숨기면서 진행하도록 지시하고 있습니다. 이렇게 표면적으로는 업자가 자발적으로 하는 것처럼 위장한 것입니다.

'위안부' 모집과 2세, 3세 의원

이때 '위안부' 모집을 담당한 것은 내무성 경보국 경무과장과 외사(外事) 과장인데, 경무과장이었던 사람이 마치무라 긴고(町村金五)입니다. '새로운 역사교과서를 만드는 모임'의 교과서 검정 임무를 맡아 검정합격 편의를 봐준 문부대신 마치무라 노부타카(町村信孝)의 아버지입니다.

마치무라 긴고

마치무라 노부타카

위안부 모집을 담당했던 마치무라 긴고와 그의 아들 마치무라 노부타카.

마치무라 과장은 그 후에 경시총감, 중의원 의원, 홋카이도 지사, 참의원 의원, 자치대신까지 지냅니다. 아버지가 위안부 모집을 담당했고, 그의 아들이 이런 사실을 감춘 교과서에 편의를 도모하고 채택되도록 협력한 것입니다.

아베신조(安倍晋三) 전 수상은 아시는 바와 같이 외조부 기시 노부스케

(岸信介)가 태평양전쟁을 시작한 도조(東條) 내각의 상공대신입니다. 이 내각은 중국인 강제연행을 결정했습니다. 그 책임자가 기시입니다.

아소 다로(麻生太郎)는 아소 재벌의 자손입니다. 지금은 탄광은 그만두었지만, 아소 재벌의 탄광에서는 조선인의 강제노동이 행해졌습니다.[3]

고다마 요시오(兒玉譽士夫)[4]라는 인물이 있습니다. 그는 전시에 아편 등으로 장사를 했던 악덕상인입니다. 전후에 하토야마 이치로(鳩山一郎)가 자민당의 원류인 자유당을 창당할 때 고다마가 정치자금을 냈습니다. 해군 등 군의 비위를 맞추어서 돈을 번 정상(政商)이 정치자금을 냈던 것입니다.

비자민 연립정권의 수상이었던 호소카와 모리히로(細川護熙)의 부친은

3) 아소 다로의 증조부인 아소 다키치(麻生太吉)가 1872년부터 탄광업을 시작하여 1941년에 아소 다로의 아버지인 아소 다카키치(麻生太賀吉)가 '아소광업주식회사'를 경영하였다. 전시기에는 탄광업이 중요 산업이었으므로 각 탄광에는 헌병이 배치될 정도였다.
　노동환경이 열악한 탄광에는 조선인 노동자와 피차별 부락민이 많았으며 이들 조선인에 의해 노동쟁의가 일어나기도 하였다. 장시간 노동, 저임금, 식사 및 주거 등 최악의 생활환경, 일상적인 폭력, 조선인 노동자에 대한 무휴제도, 무급노동 등이 원인이었다.
　2008년 12월 18일 민주당 참의원 의원의 요구로 공개된 후생노동성 보관문서에 따르면 외국인 포로 300명(영국, 네덜란드, 호주)이 1945년 5월 10일부터 8월 15일까지 아소광업 요시쿠마(吉隈)탄광에서 일하였으며 그 중 2명의 호주인 포로가 사망한 사실이 확인되었다.

4) 고다마 요시오(兒玉譽士夫): 일본의 우익운동가이며 폭력단의 고문. 태평양전쟁 때 상하이에 '고다마기관'이라는 점포를 열고 텅스텐, 라듐, 코발트, 니켈 등의 전략물자를 구입하여 해군 항공본부와 독점계약을 맺어 납품하였다.
　전후에 고다마기관이 관리해오던 구 해군의 재류자산을 가지고 일본에 돌아와 해군의 비밀자금을 요나이 미쓰마사 해군상의 승인을 얻어 자신의 손에 넣었다. 1946년 초에 A급 전범 용의자로 체포되었으나 냉전체제가 성립되면서 석방되었다.

호소카와 모리사다(細川護貞)[5]로, 고노에 후미마로(近衛文麿)[6]의 측근이며 고노에의 딸과 결혼했습니다. 즉, 호소카와 수상은 고노에의 외손자입니다. 고노에 측근의 한 사람으로 고무라 사카히코(高村坂彦)라는 내무성 고급 관료가 있습니다만, 그의 아들은 현재의 외무대신 고무라 마사히코(高村正彦)입니다. 지금 몇 명을 열거하였습니다만, 전쟁 중 국가 지도자들의 아들과 손자들이 전후에도 일본의 지도자였고, 계속되고 있는 것을 알 수 있습니다.

2세 의원이 많다고 이야기되고 있습니다만, 단순한 2세 의원이 아닌 전전·전중의 국가 지도자들로부터 이어지고 있습니다. 그야말로, 전전·전중·전후의 연속성이 일본에는 있다는 것입니다. 물론 2세·3세이기 때문에 나쁘다는 것은 아니지만, 아무래도 자신들의 부모나 그 윗세대들의 영향을 이어받고 있는 것은 사실일 것입니다.

2. 한국에서의 '과거 극복' 움직임

일본의 식민지였던 한국도 '과거 극복' 문제를 안고 있습니다. 한국에서는 1960년대부터 1970년대에 걸쳐 박정희 군사정권이 약 20년간 이어집니

---

5) 호소카와 모리사다(細川護貞): 구마모토현 출신. 호소카와 모리히로의 부친으로 교토제국대학 법학부 졸업 후 제2차 고노에 내각에서 내각총리대신 비서관을 지냈다.

6) 고노에 후미마로(近衛文麿): 도쿄 출신. 천황가에서 분가한 후지와라 분파 가문 출신으로 귀족원 위원, 제34, 38, 39대 내각총리대신을 지냈다. A급 전범으로 기소되었으나 자살하였다.

다. 그 뒤에 우여곡절이 있었지만, 김영삼 정부 등을 거쳐 그때까지의 권력과는 관련을 갖지 않는, 문자 그대로 권력교체를 한 김대중 대통령이 탄생했고, 이어 노무현 대통령이 나왔습니다. 전체적으로 보면 1980년대 말경부터 조금씩 민주화가 진행되었습니다.

광주 사건의 보상을 시작으로 계속해서

한국의 '과거 극복'에 대해 살펴보면, 군사정권의 연장선상에 있는 노태우 정권 시기인, 1990년에 '광주 민주화 운동 관련자 보상 등에 관한 법률'이 생겼습니다. 광주사건은 1980년에 일어났습니다. 광주에서 많은 민중이 한국군에 의해 죽음을 당했습니다. 이 사건은 한국의 민주화를 향한 중요한 계기가 되었습니다. 1990년의 보상법은 탄압의 책임은 묻지 않은 채 희생자에 대한 보상금이 지급되도록 하였습니다.

1993년에 김영삼 정권이 들어서고, 1995년에 '5·18 민주화 운동 등에 관한 특별법'이 생겼습니다. 그 후 광주사건 시대의 전두환 전 대통령이 무기징역형을 받는 등 민주화에 있어 획기적인 사건이 일어났습니다.

1996년에는 '거창 사건 등 관련자의 명예회복에 관한 특별 조치법'이 제정되었습니다. 이것은 6·25전쟁이 한창일 때 한국군이 농민 약 700명을 학살한 사건입니다. 공산주의자이거나 그 협력자라는 이유로 농민을 사살한 사건입니다. 이 사건은 과오라는 것이 인정되어 명예회복 조치가 취해졌습니다.

1998년에 김대중 대통령이 취임하고 나서 움직임은 급속히 진전되었습니다. 2000년에는 '제주 4·3 사건 진상 규명 및 희생자 명예회복에 관한 특별법'이 생겼습니다. 1948년 4월 3일 제주도에서 시작된 4 · 3 사건입니다.

이것은 남한의 단독 정부 수립에 반대하는 민중이 봉기한 것입니다. 약 2만 명 혹은 3만 명의 민중이 한국군과 경찰, 우익청년 단체에 의해 피살되었던 사건입니다. 이에 대해 진상규명, 명예회복이라는 일련의 조치가 취해졌습니다. 2006년 4월 3일의 위령제에는 노무현 대통령이 참석해 공식으로 사죄했습니다.

2008년 3월에 개관한 제주 4 · 3 평화기념관(제주시 소재)

2000년에 민주화운동의 관계자, 1970년대의 민주화운동으로 탄압받은 피해자에 대한 조치로 '민주화운동 관련자 명예회복 및 보상 등에 관한 법률'이 제정되었습니다. 특히 1970년대의 박정희 정권 시대는 탄압이 심했기 때문에 피해자도 많았습니다.

나아가 '의문사 진상규명에 관한 특별법'(2000년)이 제정되었습니다. 경찰에 체포되어 죽거나, 이유가 규명되지 않은 채 사망한 사람에 관한 진상규명을 목적으로 한 것입니다. 종래 진상규명 없이 군사정권시대에 은폐되었던 사건에 대하여 조사가 이루어졌습니다. 군과 경찰의 저항으로 진상규명작업은 난항을 겪었기 때문에 조사하지 못한 사례도 적지 않은 듯합니다만, 19건이 의문사로 인정되었습니다. 이 법률은 2002년에 연장되어 2004년 말로 기한은 종료되었습니다만, 2005년에는 몇 개의 진상규명법이 통합되어 새로운 법률로 제정되었습니다.[7]

2003년부터 시작된 노무현 정권 시기인 2004년에 '삼청교육 피해자의 명예회복 및 보상에 관한 법'이 제정되었습니다. 광주사건 이후, 사회악의 일소라는 명목으로 약 4만 명이 군의 삼청교육대에서 강제훈련을 받았습니다. 그곳에서 적어도 54명이 사망하였습니다. 이 법에 따라 피해를 받았던 사람들의 명예회복에 대한 보상 조치가 이루어졌습니다.

일본 식민지 시대의 진상규명으로

일본에서도 조금은 알려져 있습니다만, 2004년 3월에 '일제 강점하 강제동원 피해 진상규명 등에 관한 특별법'이 성립되었습니다. 같은 해 11월에 강제동원피해진상규명위원회가 발족되어 활동하고 있습니다. 일본 식민지 시대에 강제동원된 군인, 군속, 노무자, 그리고 일본군 '위안부' 등을 대상으

---

7) 이는 '진실 · 화해를 위한 과거사정리 기본법'을 말한다.

로 강제동원에 대한 진상규명을 추진하고 피해자들의 명예회복을 도모하는 것이 이 강제동원피해진상규명위원회[8]가 하는 일입니다. 아직 이 특별법에서는 보상까지는 시행하고 있지 않습니다. 피해를 인정한다는 것이 기본적인 활동입니다.

군인과 군속, 노무자, '위안부'로 끌려갔지만, 이후 행방을 알 수 없는 사람들이 매우 많습니다. 일부 유골이 남아있는 사례가 있습니다. 개인 이름을 알 수 있는 경우도 있으며, 알지 못하는 경우도 있습니다. 유골을 조사해서 확인된 것을 유족에게 반환하는 것도 이 위원회의 활동 중 하나입니다. 일본에서도 국내에 남겨진 조선인의 유골을 조사하고, 신원을 확인하고, 유족에게 반환하는 작업에 협력하기 위한 시민조직이 만들어져 위원회와 협력해서 활동하고 있습니다.[9] 이러한 압력을 받아 일본 정부도 조금씩 움직

---

8) 강제동원피해진상규명위원회: 일제강점하 강제동원 피해 진상규명 등에 관한 특별법에 따라 강제동원 피해의 진상을 규명하여 역사의 진실을 밝히고자 2004년 11월 10일 국무총리 직속으로 발족한 독립기구이다.
일제강점기인 만주사변(1931년 9월 18일)부터 태평양전쟁에 이르는 시기에 일제에 의해 강제동원되어 군인, 군속, 노무자, 군 위안부 등을 강요당한 사람이나 그 친족 관계에 있는 사람을 대상으로 전국 250개 지방자치단체와 함께 124,947건의 일제 강제동원 피해자 신고와 진상조사 신청 접수를 받았다. 심의 결과 2010년 현재 124,472건이 피해 인정을 받았다. 성별로는 남자 123,797건, 여자 675건이다.

9) 피해자 유골조사 및 반환실태: 1969년 일본에 있는 한국 군인, 군속 희생자 유골 중 남한 출신 유골에 한하여 봉환하기로 합의한 것을 계기로, 1971년부터 2005년까지 10차례에 걸쳐 약 1,300위의 유골이 한국으로 이송되었다. 한국 정부는 노동자로 동원된 희생자 유골 봉환에는 직접 관여하지 않았으나 2004년 12월 가고시마 정상회담에서 노무현 대통령이 고이즈미 준이치로(小泉純一郎) 총리에게 처음으로 한국인 강제동원 희생자 유골 봉환 협력을 요청하였다. 현재 '일제강점하 강제동원 피해 진상규명위원회'가 중심이 되어 일본 정부와 협의하며 유골 조사 및 봉환을 진행하고 있다. 일본 정부가 유텐사(祐天寺)에 위탁 보관해온 유골 1,135위(2010년 현재)에서 남한적 704위 중 423위가 4차례에 걸쳐 봉환되어 국립 천안 망향의 동산에 안치되었다. 1차 101위(2008년 1월), 2차 59위(2008년 11월), 3차 44위(2009년 7월), 4차 219위(2010년 5월).

이기 시작하였습니다.

이 위원회가 설치되어 접수를 받기 시작해 2006년 여름까지 피해자 가족으로부터 22만 건의 신고가 있었습니다. 이 신고를 기초로 조사를 하였고, 현재도 계속 조사를 하는 중입니다.

한국에서는 법률에 기초하여 여러 가지 위원회가 생겼습니다. 이들 진상규명위원회는 국가기관입니다. 위원회 내에는 종래 민간 기관에서 활동하던 사람, 시민활동가나 연구자들이 많으며, 국가 공무원인 사람도 있습니다.

2004년에는 '노근리 사건 희생자 심사 및 명예회복에 관한 특별법'이 제정되었습니다. 이것은 6·25전쟁 때 미군에 의한 주민학살 사건의 진상규명과 명예회복을 꾀하는 법입니다. 또한 같은 해, 일본 식민지 시대의 친일 반민족행위에 대한 진상규명을 행하는 '일제강점하 친일 반민족 행위 진상규명에 관한 특별법'이 만들어졌습니다. 이 특별법은 2005년에 '친일'이라는 말을 삭제한 법 개정이 이뤄지고, 위원회가 설치되어 활동을 개시하였습니다.

2005년에는 '진실·화해를 위한 과거사 정리 기본법'이 제정되었습니다. 이것은 진실·화해를 위한 과거 규명법의 총괄적인 법률입니다. 지금까지는 개개의 안건에 따른 진상규명 특별법이었지만, 이 기본법은 다양한 인권침해 행위에 대해 조사를 하는 것입니다. 이를 위해 포괄적인 위원회가 2005년 12월에 발족되었습니다.

2005년 8월에 민간의 친일인명사전편찬위원회가 제1차 수록자 약 3,000명을 발표하였습니다.[10] 이것은 2001년부터 작업이 시작되어 나온 조사 성과입니다.

2005년 1월과 8월 두 번에 걸쳐 한일 국교정상화 교섭의 기록이 전면 공개되었습니다.[11] 일본 정부는 공개에 반대하였습니다만, 한국 정부의 결단으로 공개되었습니다. 이 교섭 과정이 밝혀짐으로써 강제동원 피해자에 대한 보상은 한국 정부가 행하지만, 교섭 과정에서 논의되지 않았던 '위안부' 문제에 대해서는 일본 정부가 성의있게 대응해주기를 바란다는 한국 정부의 방침이 명확히 제시되었습니다.

군정시대도 포함해 피해자의 명예회복을

이상으로 간단히 한국에서의 '과거 극복'에 대한 대응을 살펴보았습니다. 여기서 다룬 내용은 다음의 세 가지로 정리할 수 있습니다.

첫째, 일본의 식민 지배에 의한 피해가 다루어졌습니다. 군인, 군속과 노

10) 민족문제연구소와 친일인명사전편찬위원회는 2005년 8월 29일 일제강점기에 친일행위를 한 3,090명의 명단을 발표하였으며, 2009년 11월에 2차로 5,207명을 게재한 『친일인명사전』(3권)을 출간하였다. 매국, 중추원 참여자, 관료, 경찰, 군, 사법, 종교, 문화예술, 언론 출판 등 16개 분야에 걸쳐 친일인물을 선정해 구체적인 반민족행위와 해방 이후의 주요 행적 등을 수록하였다. 중복 수록된 인물 431명을 제외하면 총 4,776명이 된다.

11) 한국 정부는 2005년 1월 개인청구권과 관련된 5권의 한일협정 문서를 공개한 데 이어 8월에 156권, 35,354쪽의 한일회담 전 과정의 문서를 모두 공개하였다. 국민대 일본학연구소에서는 약 2년여의 작업 끝에 1950년~1965년까지 7차례에 걸쳐 진행된 한일회담 외교문서를 회담 차수와 주제에 따라 『한일회담 외교문서 해제집』 총5권으로 출간하였다. 주제별로는 어업평화선(1,314건), 청구권 일반(980건), 선박(226건), 문화재(288건), 기본관계(706건), 재일교포의 법적 지위(305건) 등으로 청구권 문서 건수가 많다.

무자의 강제연행·강제노동, 일본군 '위안부' 등 강제동원된 피해자의 진상 규명과 명예회복의 과제입니다.

둘째, 전후 분단의 과정, 나아가 6·25전쟁 중에 생겼던 문제입니다. 그것은 한국군과 경찰, 혹은 미군에 의한 민중학살, 박해입니다.

셋째, 군사정권 하에서 행해진 민주화운동에 대한 탄압, 인권침해입니다. 이들 인권침해에 대해 진상을 규명하고, 피해자의 명예회복을 도모하려는 것으로 일부 피해자에 대한 보상도 행해지고 있습니다.

이렇게 보면 일본 식민지 시기의 조사는 이들 '과거 극복' 사업 중의 하나인 것입니다. 일본의 식민지 지배는 20세기 초기부터 시작되었습니다. 또는 19세기 말부터라고도 할 수 있을지 모르겠습니다. 그리고 한국에서 민주화가 실현된 것은 1990년대 초부터입니다. 이들 사업에서 다루고 있는 문제는 거의 20세기 전체의 한 세기를 대상으로 하고 있습니다.

일본에서는 식민지 지배의 문제만 다뤄지고 있다고 생각하고 있습니다. 그러나 식민지 지배는 이러한 문제 중 하나입니다.

이러한 출발점은 피해에 관한 진상규명에서부터입니다. 다음으로 피해자의 명예회복입니다. 그들이 국가권력에 의한 인권침해의 피해자였다는 것을 확실하게 하자는 것입니다. 그리고 아직 일부이지만 피해자에 대한 보상도 행해지고 있습니다.

아직 손을 대지 못하는 문제도 있습니다. 인권침해를 했던 사람들의 책임을 묻고 처벌하는 데까지는 이르지 못하고 있습니다. 예를 들어 전두환, 노태우 등 전 대통령은 재판을 받았지만, 전후 행정, 군, 경찰 등에 의한 가해 행위자의 책임 추궁은 아직 이루어지지 않고 있습니다. 이것은 어려운

부분이겠지요. 더욱이 이들 억압·탄압을 행했던 조직의 민주화, 혹은 해체도 과제일 것입니다. 그러나 불충분하기는 하지만, 민주화를 실현하고, 정권교체를 실현함으로써 이러한 '과거 극복' 조치가 가능했다고 할 수 있습니다. 역으로 말하면 정권교체가 없는 곳에서는 '과거 극복'은 어렵다고도 할 수 있을 것입니다.

3. 전후의 남한·한국과 대일 협력자

미군 지배 하에서 부활한 친일파

왜 20세기 역사 전반에 대한 재검토가 이루어지고 있는가에 대하여 생각해 봅시다.

한국은 1948년 8월에 대한민국으로 출발했습니다. 이승만 대통령이 초대 대통령입니다. 전후 한국 정부를 이끌었던 담당자는 예전의 대일 협력자, 소위 친일파로 구성되었습니다. 식민지 시대, 일본에 협력하였던 사람들입니다.

식민지는 어느 나라의 경우에도 현지인의 협력을 얻어 지배를 유지합니다. 특히 경찰관이나 수장을 제외한 하급관료는 현지인을 이용합니다. 예를 들면 '위안부'를 연행할 때 조선인 경찰관이나 관공서의 공무원이 실질적인 일을 합니다. 권력기관의 말단 직원이 위안부 업자의 협력자가 됩니다.

일본의 패전과 함께 민중의 반발을 두려워해서 대일 협력자들은 도망쳤습니다. 그리고 대일 협력자가 아니었던 사람들, 식민지 지배 하에서 탄압과 억압을 당했던 사람들이 독립을 목표로 신정부 구축에 나섭니다. 이 사람들이 폭넓게 결집하여 독립을 위한 건국준비위원회를 각지에 만듭니다. 조선인민공화국[12]이라는 단체가 독립을 선언하기도 하였습니다.

그런데 미군이 들어와 군정을 폅니다. 미군은 오키나와전을 치렀던 제24군단입니다. 예상 외로 빠른 일본의 항복에 의해 미군은 전혀 준비가 되지 않은 채 한국에 건너왔습니다. 미군은 한반도의 상황을 몰랐으므로 조선총독부와의 통신에 의해 정보를 얻습니다. 조선총독부는 한반도 민중의 독립에 대한 움직임을 위험시하여, 건국준비위원회는 공산당에게 현혹되어 있는 위험한 조직이라는 정보를 미군에게 반복해서 보냅니다. 미군은 그것을 믿고 한반도에 들어온 것입니다. 그 결과, 미군은 건국준비위원회를 인정하지 않고 군정을 시작합니다.

건국준비위원회는 각지에 조직을 만들어서 자치를 시행해갑니다. 그런데 미국은 이것을 인정하지 않습니다. 이 준비위원회는 친일파를 제외한 멤버로 구성된 폭넓은 통일전선 조직입니다만, 이들을 인정할 수 없게 되자 미국이 손을 잡을 수 있는 것은 친일파뿐이었습니다. 따라서 조선총독부에 협력한 친일파를 이용하게 되었던 것입니다.

이렇게 해서, 일단 사라졌던 친일파가 부활하고 말았습니다. 일본의 패전과 함께 도망갔던 친일파가 미군과 함께 지역으로, 마을로 돌아온 것입니다. 친일파는 친미파가 되어 살아남은 것이었습니다. 이것이 남한의 실

---

12) 조선인민공화국(朝鮮人民共和國): 1945년 9월 6일 공산주의자 박헌영을 주축으로 하는 전국인민대표자회의에서 조선인민공화국을 선포한 것을 말한다. 조선인민공화국은 보수 민족주의 계열의 비협조와 미국 군정의 탄압과 불승인으로 인해 좌초됐다.

태입니다. 경찰이나 관료, 교원 등 일본의 식민지 지배에 협력한 친일파가 남한에서는 그대로 살아남아 한국 정부를 지탱해 나갔습니다. 후에 만들어진 군대도 친일파가 좌지우지합니다. 친일파가 돌연 친미파가 되어 살아남은 것은 일본의 지배자들과도 같은 구도입니다.

군·경찰간부의 대부분은 친일파

이승만은 전전에 미국에 망명해 있었으므로 친일파는 아니었지만, 국내에 지지기반이 없었습니다. 따라서 결국 지주를 포함한 친일파에게 의지할 수밖에 없었습니다.

대한민국 수립 이후에도 친일파를 기반으로 한 정권에 대해서는 민중으로부터 반발이 있었습니다. 이러한 이유로 1948년에 반민족행위처벌법이라는 법이 만들어져 친일파를 배제하고자 하였습니다. 이 법률에 근거하여 반민족행위처벌특별조사위원회(반민특위)라는 정부기관도 만들어져 친일파의 배제를 꾀하였지만, 군이나 경찰 등 친일파가 반발하여 탄압을 받아 결국 반민특위는 와해됩니다.

그 후 1960년에 이승만 정권이 학생들의 4·19 혁명에 의해 붕괴됩니다. 한순간 민주화의 빛이 비추는 듯하였으나, 박정희의 군사 쿠데타로 뒤집어집니다. 박정희는 친일파입니다. 만주국의 군관학교를 나온 만주국의 장교입니다. 일본의 육군사관학교도 졸업했습니다. 만주에 가서 항일 게릴라 토벌을 하였습니다. 일본에 대한 저항파, 독립파를 탄압했던 인물로 전형적인 친일파입니다. 박정희는 육군사관학교, 즉 육사 제57기입니다만, 당시의 육군사관학교 교장은 이후에 오키나와 수비군 사령관이 된 우시지마

미쓰루(牛島滿)입니다.

1960년경의 자료에 따르면 한국의 경찰간부의 약 70%가 일제 강점기부터 경찰관이었던 사람들입니다. 또한 한국군을 창설할 때 충칭에 있었던 망명정부의 광복군 출신 항일파와 일본군 혹은 만주국 군인이었던 친일파가 참여했는데, 수적으로 친일파가 많았고 이후 이들이 주도권을 쥐었습니다. 박정희는 그 속에서 부각된 인물이었습니다.

이리하여 군대와 경찰, 교육계, 관료도 친일파가 실권을 장악해갑니다. 한국에는 국가보안법이라는 법률이 있습니다. 민주화운동을 했던 사람들을 탄압한 법률입니다. 이것은 일본의 치안유지법을 토대로 만들어진 탄압법규입니다. 지금은 박물관이 된 서울 서대문형무소에는 일본 식민지 시대에 고문하는 모습이 전시되어 있습니다. 전시장 안내자료에는 나와 있지 않지만 이 형무소는 전후 오랜 기간 동안 사용되었으며, 군사정권 시절에도 여기서 고문이 행해졌습니다. 민주화운동에 참가했던 사람들은 일본 식민지 시대와 같은 수법으로 고문을 받았습니다. 일제강점기에 헌병, 특별고등경찰, 경찰 등의 고문 수법이 한국에도 전수되었던 것입니다.

베트남 전쟁 때 한국군에 의한 주민학살, 성폭력 등의 실태도 최근에 와서야 밝혀지고 있습니다.[13]

13) 베트남 전쟁 당시 한국군의 주민학살은 붕따우 마을의 사례를 비롯해 다수의 사례가 있다. 구체적인 내용은 김현아, 『전쟁의 기억 기억의 전쟁』(도서출판 책갈피, 2002)을 참조. 2001년 김대중 대통령은 쩐득르엉 베트남 국가주석의 방한시에 불행한 전쟁에 참전한 국민들에게 고통을 준 데 대한 사과와 피해지역에 300만 달러 규모의 병원 건립을 약속하였다.

일본 비판을 스스로에 대한 비판으로 삼아

6·25전쟁 당시 한국군도 일본군과 마찬가지로 위안소를 만들었습니다. 미국 군인을 위한 위안소도 한국 정부가 알선하여 만듭니다. 이러한 사실을 뒷받침하는 문서가 한국 연구자에 의해 발굴되어 소개되었습니다.[14] 한국군의 실체에 메스를 들이대는 귀중한 문서입니다. 위안소를 만드는 발상과 수법은 종주국인 일본의 영향을 받았습니다.

미군 위안부 2명이 부산에서 비관 자살했다는 보도 기사(1957년 7월 21일자 『동아일보』)

14) 경남대 북한대학원 김귀옥 교수는 군의 자료와 관계자의 증언을 토대로 한국전쟁 당시 국군 내에 위안부와 군위안소가 있었다는 사실을 밝히고 있다.

최근 한국에서 이러한 자료가 소개되어 논의되고 있습니다. 대한민국 수립 이후에도 친일파가 계속해서 주도권을 쥐었던 것이 일본군의 악폐를 계승하게 했다고 할 수 있을 것입니다. 이러한 문제점을 지금까지 제대로 직시하지 못했다는 반성이 지금 한국 내에서 일어나고 있습니다.

'위안부' 문제가 오랜 기간 봉쇄되어왔던 이유 중에는 대한민국 정부 수립 이후의 한국 국가와 사회가 안고 있는 내부 문제가 있습니다. 그러한 과거와 대면하지 않으면 안 되는, 부끄러워해야 할 모습이 한국인 자신에게도 있는 것입니다. '위안부'들이 이름을 밝힐 수 없었던 여성 멸시의 사회 풍토도 문제가 되고 있습니다. '위안부' 문제에서의 일본 비판은 동시에 한국 국가와 사회에 대한 비판으로도 이어집니다. 한국의 양심적인 사람들이 '위안부' 문제 등 일본의 식민지 지배의 문제를 추궁하고 있는 것은 일본을 비판할 뿐만 아니라 식민지 지배를 청산하지 못했던 한국 국가와 사회가 큰 문제를 안고 있으며, 진정한 민주화를 실현하기 위해서는 전후 군사정권 청산을 넘어 식민지 지배를 청산해야 한다는 문제의식에서 나온 것이라고 생각합니다. 한국 자신의 문제를 제쳐놓고 일본을 비판하는 것이 아니라, 식민지 지배를 청산하려 하지 않는 일본과 한국을 같이 비판하고 있는 것입니다.

1960년대 이후 박정희 군사정권과 일본 자민당 정권과의 친밀한 유착관계가 오랫동안 지속되었습니다. 이것이야말로 반성하지 않는 자들끼리의 담합이라고 해야 할 것입니다.

한일조약 배상 문제와 그 이후

이제 배상 문제에 대해 살펴보겠습니다.

한국에서는 1949년부터 대일배상청구계획이 만들어집니다. 그러나 1951년 샌프란시스코 강화조약이 체결되지만 한국 정부와 북한 정부 둘 다 회의에 초청받지 못했습니다. 한국은 전승국이 아니기 때문에 참가자격이 없다며 일본 정부가 강력히 반대했습니다. 당시 요시다 수상은 재일조선인은 공산주의자가 많기 때문에 한국 정부를 부르면 공산주의자가 이익을 얻는다며 반대하였습니다.

그 후 오랜 교섭을 거쳐 가까스로 1965년에 한일국교정상화가 이루어집니다. 이때 한국은 청구권을 포기합니다. 다만 2005년에 한국 정부가 공표한 자료에 의하면 일본 정부가 한국 정부에 주었던 무상원조 속에 피해자에 대한 보상금 등의 지불 약속이 있었던 것 같습니다. 그러나 한국 정부는 거의 보상을 실행하지 않았습니다.

1970년대에 박정희 정권은 피해자들에게 지급을 하지만, 이는 아주 적은 금액이었습니다.[15] 1974년에 제정된 법률에 근거해서 1975년부터 1977년에 걸쳐 사망유족 8,522명에게 25억 원을 지급했을 뿐입니다. 많은 피해자들은 보상에서 제외되었으며, 재일한국인도 제외되었습니다.

어쨌든 일본 정부는 배상이 아닌 유상·무상원조를 한 것만으로 끝내버

---

15) 1971년 1월 19일 '대일 민간청구권 신고에 관한 법률'을 제정하여 일제에 의해 강제로 징용·징병된 사람 중 사망자와 재산권 소지자에 한해 1971년 5월 21일부터 10개월 동안 한시적으로 보상신청 신고를 받아 1977년 7월부터 2년간 인명과 재산의 총 신고건수 109,540건 중 83,519건에 대해 보상하였다. 인명보상은 사망자 1인당 30만 원씩 8,552명에게 25억 6,560만 원을, 재산보상은 신고금액 1엔당 30원씩 환산하여 74,967명에 66억 2,209만 3천 원을 지급하였다.

립니다. 한일교섭 과정 문서를 공개한 노무현 정권은 당시 군사정권이었다 하더라도 국가 간의 약속이기 때문에 강제동원된 피해자에 대해서는 한국 정부가 책임을 지고 보상을 할 것이며, 일본 정부에게는 요구하지 않겠다고 하였습니다. '위안부' 문제에 대해서는 한일 정상화 교섭 당시 일체 논의하지 않았기 때문에 일본 정부가 제대로 대응해달라는 자세를 취했습니다.

4. 변화하는 한국사회

외국인의 지방참정권 실현과 호주제 폐지

한국 사회는 급격히 변화하고 있습니다. 예전부터 한국에서는 중국인 차별, 이른바 화교차별이 지적되어왔습니다. 한국에는 인천 이외에는 차이나타운이라는 것이 없습니다.[16] 2001년 11월에 국가인권위원회라는 국가기관이 생겼습니다. 이 기관은 여러 인권 문제에 대한 검증과 개선에 관해 토의하고 개선책을 권고하는 기관입니다. 권고안 중에는 화교학교를

---

16) 한국 화교의 시초는 1882년 임오군란을 진압하기 위해 3천여 명의 청나라 군대가 올 때 군역상인(軍役商人)으로 같이 온 40명의 화상이다. 화교는 한국 내에서의 상업 활동과 부동산 소유 등에 제한을 받아 많은 사람들이 타이완이나 홍콩, 미국, 호주 등지로 떠났다.
　1998년 IMF사태를 겪으며 한국 정부에서는 화교 자본을 유치하기 위해 인천의 차이나타운을 재개발하고 전 세계 '화상회의'를 유치하기도 하였다. 현재 한국 내의 화교는 약 2만 6천여 명, 인천에 약 3천 7백여 명이 상주하며 차이나타운 주위에 120여 가구, 5백여 명이 살고 있는 것으로 알려지고 있다. (인천 차이나타운 홈페이지: http://www.ichinatown.or.kr/, 한국화교인권포럼 카페: http://cafe.naver.com/koreanchinese.cafe)

정규학교로 인정하라는 내용도 있었습니다.[17] 일본식으로 말하자면 조선학교를 학교법에서 인정하는 학교로 인정하라는 것입니다.

한국 사회에서는 거주 외국인에 대한 차별 문제를 해결하려는 움직임이 나타나고 있습니다. 2004년에는 주민투표법이 제정되어 지방자치단체가 주민투표를 실시할 때는 정주 외국인에게도 청구권과 투표권을 인정하도록 하였습니다.[18] 상설 법률이므로 모든 주민투표에 적용됩니다. 일본의 경우에는 개별 투표마다 조례 등이 마련되지만, 한국에서는 일정한 거주기간을 요하는 규정이 있기는 하지만 모든 투표에 적용됩니다.

2005년에는 영주 외국인에게 지방참정권을 부여하였습니다.[19] 2006년 5

17) 국가인권위원회 차별시정위원회는 2006년 8월 29일 회의에서 화교 학교 학력 미인정 차별에 대하여 교육인적자원부에 다음과 같이 시정을 권고했다.
"화교학교 학력을 인정하지 않는 것은 국제인권조약의 '시민적 및 정치적 권리에 관한 국제규약' 제27조, '아동의 권리에 관한 국제협약' 제29조 및 제30조에 따라 화교들의 자기 언어로 교육받을 권리 및 행복추구권을 침해하는 것으로서 출신 국가를 이유로 한 차별행위로 인정되므로 '국가인권위원회법' 제44조 제1항 제2호에 의거 권고한다".
이에 대해 교육인적자원부는 입시 문제가 중요한 시점에서 화교학교의 학력을 인정하게 되면 다른 외국학교에 다니는 한국인의 학력을 어떻게 인정할 것인지에 대해 논란이 일게 된다며 부정적인 입장을 취하고 있다.

18) 주민투표법은 "20세 이상의 외국인으로서 출입국관리 관계법령의 규정에 의하여 대한민국에 계속 거주할 수 있는 자격(체류자격 변경 허가 또는 체류기간 연장 허가를 통하여 계속 거주할 수 있는 경우를 포함한다)을 갖춘 자로서 지방자치단체의 조례가 정하는 자는 주민투표권이 있다"고 규정하고 있다.

19) 한국에서는 2005년에 공직선거법이 개정되어 2006년 제4회 지방선거에서 외국인이 처음으로 선거권을 행사하였다. 이때 선거할 수 있는 외국인의 자격은 출입국관리법 제10조에서 규정하는 영주 체류자격 취득일 후 3년이 경과한 외국인으로서 같은 법 제34조에 따라 해당 지방자치단체의 외국인 등록대장에 올라 있는 사람이다. 당시 외국인 선거권자는 6,726명이었고, 2010년 3월 현재 외국인 선거권자는 11,000여 명이다. 외국인 선거권자용 투표안내문에는 한국어뿐 아니라 영어와 중국어가 병기되어 외국인의 투표권 행사를 돕고 있다.

월에 실시된 지방선거부터 이것이 적용되었습니다. 그러므로 거주 외국인의 권리라는 면에서 볼 때 한국은 단숨에 일본을 앞질렀습니다.

게다가 2005년에는 호주제도가 폐지되었습니다. 늦었다고 할 수 있지만 2004년에는 성매매 알선 등 행위에 대한 처벌법이 제정되었습니다. 이른바 매춘알선금지법입니다. 한국에서는 성매매가 공공연히 이루어져왔습니다. 식민지 시대에 일본의 공창제도가 도입되어 매춘문화가 퍼졌습니다만, 이대로 두어서는 안 된다는 의식에서 이런 법률을 제정했다고 할 수 있을 것입니다.

앞에서 언급을 했습니다만, 베트남 전쟁에서 한국군이 저지른 민간인 학살사건에 대해 진상을 규명하려는 움직임이 2002년부터 일어났습니다. 베트남 전쟁 민간인 학살 진실규명위원회라는 민간조직이 만들어졌습니다.

베트남 전쟁 당시 한국군에 의해 살해된 퐁니·퐁넛 주민들의 주검 사진
1968년 2월 12일 베트남 꽝남성 디엔반현 퐁니·퐁넛 마을 주민들이 한국군에 의해 대량 학살당하여 79명의 여성과 아이들이 사망하였다.

남성중심주의와 역사교육에 대한 반성도

한국에서의 '과거 극복'에 대해 몇 가지 특징을 살펴보면, 한국 사회의 남성중심주의에 대한 비판이 있습니다. 예를 들어 '위안부'는 더럽혀진 여성이라는 관념이 있었습니다. 또는 민족의 수치라는 생각이 침투해 있습니다. 그분들은 성폭력의 피해자일 뿐인데, 오히려 더러워진 존재이고, 민족의 수치이므로 언급하고 싶지 않다는 생각이 한국 사회에 있었습니다. 이런 점은 일본 사회에도 있습니다. 한국 사회의 남성중심주의가 '위안부 문제'를 침묵시켜왔다고도 할 수 있습니다. 이런 사회의 양상 또는 한국 민족주의에 대해서도 비판적인 논의가 제기되고 있습니다. 이것은 미군이 저지른 여성 성폭력을 제대로 다뤄오지 않았다는 문제로도 이어져, 미군기지 반대운동이 안고 있는 민족주의적인 실태에 대한 비판도 나오기 시작했습니다.

'새로운 역사교과서를 만드는 모임'에 대한 대응으로 한일 간에 교과서 문제에 대한 교류도 추진되고 있으며, 한국의 역사교육에 대한 반성도 나오고 있습니다. 한국의 역사교육은 일본 역사교육의 틀을 이어받고 있습니다. 예를 들면 '새로운 역사교과서를 만드는 모임'의 교과서가 신화를 취급하고 있어서 이를 비판하고 있습니다. 그런데 한국의 역사교과서도 건국신화를 다루고 있습니다. 그렇다면 한국의 교과서는 신화를 다루어도 되고, 일본의 경우는 이상하다는 논의를 해도 괜찮은지에 대한 의문이 생깁니다. 그러므로 일본의 역사교과서 · 역사교육을 비판하는 일은 한국의 역사교과서를 비판하는 것으로도 이어진다는 인식이 1980년대부터 등장하기 시작했습니다. 최근에는 더욱 뚜렷하게 논의의 대상이 되었습니다.

한국의 현대사 교과서는 이미 검정교과서가 되었지만, 2006년 역사교과서도 국정에서 검정으로 바뀌게 되었습니다. 종래의 역사교육에 대한 반성에서 교과서 제작 방식이 변화하고 있습니다. 앞에서 언급한 한국군과 경찰 등에 의한 인권침해와 범죄 등도 밝혀지고 있습니다. 또한 주한미군의 범죄에 대한 진상규명도 계속 이루어지고 있습니다.

자신들의 모습을 되돌아보는 논의로

전몰자 추도 방식도 논의가 되고 있습니다. 얼마 전 학생들을 데리고 한국에 다녀왔습니다만, 한 학생이 국방부 앞에 있는 전쟁기념관을 보고 이것이 유슈칸(遊就館)[20] 같다고 했습니다. 야스쿠니신사의 유슈칸과 같은 전시가 한국의 전쟁기념관에도 있습니다. 그야말로 똑같습니다. 한국 내에서도 6·25전쟁 이후의 전사자에 대한 추도 방식이 야스쿠니신사와 똑같지 않은가 하는 비판이 되고 있습니다. 2006년 가을에 한국의 젊은 연구자로부터 야스쿠니신사 및 유슈칸과 한국의 전쟁기념관이나 한국의 전사자 추도 방식을 비교한 발표를 들을 기회가 있었습니다.

한국 내에서도 자신들은 옳고 일본은 잘못됐다고 하는 논의가 아니라, 일본을 비판하면서도 자신들의 모습도 되돌아보는 논의가 일어나고 있습니다. 한국 스스로도 변화하고 있습니다. 물론 이런 움직임에 대한 반발도 강해서 지금 소개한 동향이 주류라고는 단언할 수 없습니다. 그렇지만 변

20) 유슈칸(遊就館): 야스쿠니신사 경내에 함께 설치되어 있으며 신사에 모신 관련자의 자료를 모은 보물관이다. 막말 유신기의 동란에서부터 태평양전쟁에 이르기까지의 전몰자와 순국자를 제사지내는 야스쿠니신사의 시설로 전몰자와 군사관계 자료를 소장해 전시하고 있다. 1882년에 개관한 일본에서 가장 오래된 군사박물관이다.

화하고 있다고 할 수 있을 것입니다.

5. 일본의 식민지 지배가 남긴 문제

조선 · 한국인의 군인 · 군속 문제

일본의 식민지 지배가 남긴 과제가 많습니다. 일본군 '위안부' 문제도 중요한 문제의 하나이며, 군인·군속의 원호 문제도 있습니다. 일본인의 경우와는 달리 일본군으로 소집된 조선·한국인에 대한 원호수당은 없습니다. 말하자면 조선인으로 징병되어 전사한 후의 조치는 취해지지 않았으며, 전사한 시기와 장소도 유족에게 알리지 않았습니다. 일본은 식민지 시대의 일을 일체 모르는 척합니다. 일본 정부는 유족으로부터 문의가 있으면 답변하겠다는 상황입니다. 일본 정부가 나서지 않고 있습니다. 일본 국민들에게 이와 같이 했다면 큰 일이 벌어질 것입니다. 한국 유족이 후생노동성에 문의하면 부친이 언제, 어디에서 사망했는지 등을 대답한다고 합니다. 최근 그러한 문의를 통해 야스쿠니신사에 합사되어 있다는 것을 알았다는 이야기가 나오고 있습니다. 일본정부가 야스쿠니신사에는 알리면서 당사자인 유족에게는 통지하지 않는 황당한 일이 벌어지고 있는 것입니다.

일본군의 포로수용소 감시자로서 많은 조선인·타이완인이 동원되었습니다. 그들 가운데 포로학대죄로 B·C급 전범으로 처벌된 사람들이 있습니다. 감시자는 군속으로서 일본군 중에 최하급 지위였지만 포로와 직접 접촉

하는 입장에 있었기 때문에 폭력을 휘두르기도 하여 원망을 샀습니다. 일본인 전범의 경우는 일본 정부로부터 원호조치를 받았지만 조선인과 타이완인의 경우는 방치되었습니다. 이 문제도 남겨진 과제입니다.

강제연행, 유골 문제도 미해결

강제노동과 강제연행 문제도 있습니다. 예를 들어, 강제 노동자에게 미지급된 임금 문제가 있습니다. 이들은 일본 기업에서 일을 하였지만 전쟁이 끝난 시점에서 임금을 받지 못하였습니다. 그 노동자들이 단결해서 미지급 임금을 청구하였습니다. 그런데 1946년 6월에 후생성이 해당 기업에 대해 조선인 노동자와는 교섭하지 말라는 통보를 보냈습니다. 기업이 미지급 임금을 지불하려 하자, 후생성이 그것을 중지시켜 미지급임금을 노동자에게 지불하지 말고 공탁하라고 한 것입니다. 조선인 노동자들은 빨리 귀국하고 싶었기 때문에 어쩔 수 없이 임금을 받지 못하고 조선으로 돌아가게 되었습니다. 일본 정부는 공탁한 임금을 본인에게 통보하지 않은 채 그대로 현재에 이르고 있는 실정입니다.

기업에서 일하게 된 사람은 일단은 후생연금에 가입합니다. 공개하고 있지는 않지만 사회보험청에 자료가 남아 있습니다. 일본 정부는 개인 정보이므로 일본 연구자에게는 보여주지 않습니다만 유족과 본인으로부터 문의가 있다면 가르쳐주겠다는 입장입니다.

또한 지금 문제가 되고 있는 것은 유골 문제입니다. 일본 각지에 조선인 유골이 방치되어 있습니다. 현재 일본에 1천 개가 넘는 조선인 유골이 있습니다. 이것은 2004년 한일정상회담에서 한국 정부의 요청에 의해 일본정부가 조사와 반환에 관해 협력하겠다고 약속한 것입니다. 일본 정부는 그다지 적극적이지 않기 때문에 일본 측 연구자와 시민으로 조직되어 있는강제동원진상규명네트워크[21]가 조사를 하고 있습니다.

이 조사에서는 사찰의 협력을 얻고 있습니다. 특히 전국에 2만여 곳의 사찰이 있는 조동종(曹洞宗)에서 협력해주고 있어 불교계를 다시 보게 되었습니다. 결국 유해는 그 고장의 절에 보관되고 있는 경우가 많습니다. 절의 입장에서는 버릴 수 없었기 때문에 아직까지 가지고 있는 것입니다. 절에서는 이 기회에 유족에게 제대로 돌려줄 수 있게 되었습니다.

스스로의 미래 때문에 과거 문제에 대응한다

이처럼 한국에서 이루어지고 있는 것은 일본 식민지 시대 문제의 청산일 뿐만 아니라 한국 자신의 과거 역사에 대한 청산이기도 합니다. 전후 한국은 친일파와 그 후계자의 시대가 계속되었기 때문에 이것은 한국 현대사의 청산이기도 합니다. 식민지 시대를 이어온 체질의 청산이기도 합니다. 식민지 체질을 이어온 관료조직, 군조직, 경찰조직 등을 모두 청산하려는 것입니다.

현재의 한국 사회를 민주화하려고 하면 전후뿐만 아니라 20세기 초부터 지속된 사회 전체를 총체적으로 점검해가지 않으면 진정한 민주화는 이루

---

21) 강제동원진상규명네트워크: 2005년 7월 일본의 시민단체와 연구자, 활동가들이 모여 출범한 단체로 일제강점기의 강제동원에 관한 자료의 수집·연구, 일본 정부와 공공기관 및 기업이 보유하고 있는 강제동원 관련 자료 공개와 일본 정부의 진상규명을 촉구하는 것을 주요 활동으로 하고 있다. 이를 위해 일본 전국에 네트워크를 결성하고 한국의 피해자 단체와 연대하고 있다.

어질 수 없다는 것입니다.

이와 같은 문제의식에서 일본이 남긴 식민지 시대의 여러 가지 문제를 과거 극복의 일환으로서 다루고 있습니다. 다시 말하자면 60년 전, 70년 전 문제를 그냥 들추어내는 것이 아니라 지금 한국 사회를 개혁해나가기 위한 과정으로서 과거 극복에 임하고 있는 것입니다. 스스로의 미래를 위해서 과거 문제에 대처하고 있다고 할 수 있습니다.

6. 그 외의 아시아 국가— 타이완 · 중국 · 동남아시아

타이완— 드디어 피해자의 목소리가

다음은 한국 이외의 국가에 관해 간략히 살펴보겠습니다.

타이완도 일본의 식민지였습니다. 전후 국민당이 이곳으로 피신했습니다. 그리고 1949년부터 1987년까지 계엄령이 실시되었습니다. 선거도 없었습니다. 국민당 정권 하에서 상당히 억압적인 정치가 이루어졌습니다. 국민당 정권은 그들 자신이 살아남기 위하여 일본과 타협했기 때문에 일본 식민지 문제의 청산은 이루어지지 않았습니다. 한편, 국민당 정권의 억압이 너무나 심해서 상대적으로 일본 식민지 지배의 문제에 대한 인식이 약화되었습니다. 그렇지만 민주화가 진전되는 가운데 드디어 식민지 시대의 피해자도 목소리를 높이게 되었습니다.

중국-다양성으로의 변화

제2차 세계대전에 대해 중국 측은 대일정책의 논리로서 일본의 지배자가 잘못된 것이며, 일본 민중은 오히려 피해자라는 입장을 지속적으로 취해왔습니다. 따라서 전범에 대해서도 엄격한 처벌을 하지 않았습니다. 1950년대 이래, 문화혁명기를 제외하고 중국은 일본과의 관계개선을 추진해왔습니다. 중국으로서는 대일관계의 개선이 급선무였습니다. 그러나 피해를 입은 민중의 분노는 여전히 강합니다. 그것을 억누르는 명분으로 잘못한 것은 소수의 A급 전범이라는 논리를 만들어온 것입니다. 일본과의 우호관계가 중요하다는 것이 중국 정부의 자세였습니다.

이러한 맥락에서 중국 정부는 피해자의 목소리를 억눌러 왔습니다. 결국 피해자는 목소리를 낼 수 없는 상황이 지속되었습니다. 특히 1970년대는 대 소련 전략의 측면에서 일본, 미국과 연계하는 정책을 취하고 있었기 때문에 피해자의 목소리를 억눌러 왔습니다. 마침내 피해자가 목소리를 낼 수 있게 된 것은 1990년대 이후입니다.

중국은 공산당이 용감하게 싸워서 일본을 이겼다는 논리로 일관해 왔습니다. 피해자의 목소리에 귀를 기울이기보다 공산당이 용감하게 싸웠다는 것을 강조해온 경향이 있습니다. 예를 들면, 난징사건에 관계되는 당사자는 국민당 난징 정부입니다. 그러므로 공산당 정권은 난징사건을 적극적으로 다루지 않았습니다. 난징사건은 일방적으로 일본군에게 피해를 입은 사례이고, 지금의 정권은 이 사건에 관련되지 않았기 때문에 직접적인 당사자가 아닙니다. 따라서 이 사건은 그다지 문제시되지 않았습니다. 이 문제가 크게 다루어진 것은 1980년대 이후입니다. 1982년의 교과서 문제가 계기가 되어 난징대학살기념관[22]이나 항일전쟁기념관[23] 등이 만들어진 것입니다.

그 사이에 급격한 경제발전과 함께 중국은 국내적으로 불안정하게 되었습니다. 특히 청년층 사이에서 강한 불안감이 조성되어 배외주의적인 부분이 자주 표출되었습니다.

한편, 해외 유학생 중에는 냉정하게 중국을 보는 사람들도 생기고 있습니다. 중국은 역사교과서도 수년 전부터 검정제도로 이행하고 있습니다. 최근 아사히신문에 의하면 상하이에서 채택된 교과서는 상당히 폭넓은 소재를 다루는 방식으로 집필되었다고 합니다. 베이징에서 만들어진 교과서와는 상당한 차이가 있고, 일본보다도 훨씬 교과서가 다양하게 만들어지고 있다는 인상을 받습니다.

중국에서는 2000년에 처음으로 '위안부' 문제에 관한 심포지엄이 상하이에서 개최되었습니다. 이때 '위안부'였던 사람들이 처음으로 신문이나 텔레비전 앞에서 일본군에 의한 피해에 대해 증언을 하였습니다. 이 심포지엄에서 일본에 유학중인 한 연구자는 '위안부'였던 사람들을 돕고, 이들의 증언을 제일 먼저 다루어 소개한 것은 일본의 연구자나 운동가였다는 점을 지적하였습니다. 중국인은 피해 여성을 위하여 아무런 조치도 취하지 않은 것은 아닐까? 오히려 일본의 양식 있는 사람들의 활동이 없었다

22) 난징대학살기념관: 1937년 중국을 침략한 일본군이 난징 일대에서 대량의 주민을 학살하였던 현장을 복원하여 만든 곳이다. 2006년 개관하였다.

23) 항일전쟁기념관: 항일전쟁의 역사를 모아놓은 기념관이다. 일본이 중국에 대해 전면적 침략전쟁을 일으키는 계기가 된 노구교사건(1937년 7월 7일)이 있었던 베이징 외곽에 노구교사건 50주년을 기념하여 1987년 7월 6일 개관하였다.

면 '위안부' 문제는 지금처럼 많은 사람들의 인식과 이해를 얻을 수 없었던 것은 아닐까라고 중국 사람들에게 문제제기를 하였습니다. '위안부' 문제에 있어서 중국인은 일본인에게 감사해야만 한다고 말한 것입니다. 왜 중국 사회는 '위안부'였던 사람들에게 냉담하였을까? 이 점을 반성해야만 한다고 심포지엄의 참가자에게 말했습니다. 이렇게 말하는 새로운 중국인이 나오고 있는 것입니다.

동남아시아― 변화에 대한 과제

동남아시아에 대해서 간단하게 언급하겠습니다.

우선 필리핀에 대해 살펴보면, 필리핀은 원래 미국의 식민지였기 때문에 이 전쟁에서는 많은 필리핀인이 게릴라가 되어서 미국에 협력했습니다. 이 사람들이 전후 곧 독립해서 정권을 잡았습니다. 그러나 그 정권이 강압적이었기 때문에 앞에서 언급한 바와 같이 일본 점령의 청산도 미국의 식민지 지배 청산도 충분히 이루어지지 못했습니다. 그후 마르코스 정권에 대해서 일본은 거액의 공적개발원조(ODA; Official Development Assistance)를 시행했습니다만, 이는 독재정권의 지원을 위해 사용되었다는 성격이 강합니다.

다음은 인도네시아입니다. 인도네시아는 1967년부터 1998년까지 수하르토 독재정권이었습니다.

수하르토 소장
1965년 공산주의자들이 일으킨 쿠데타를 무력으로
진압한 후, 1967년 수카르노 대통령을 축출하고 대통
령에 취임하였다. 이후 7선 대통령으로 장기집권 했다.

   현재 이미 정권은 바뀌었습니다만 민주화된 국가라고는 말할 수 없는
상황입니다. 민주화가 조금은 진전되어간다고 할 수 있을지도 모르겠지
만, 민주화가 미진해서 정치상황이 불안정한 국가 가운데 하나라고 할 수
있을 것입니다. 수하르토는 전제적인 지도자였습니다. 박정희와 마찬가지
로 대일협력자입니다. 전쟁 중에 일본군이 만든 페타(PETA: 일본군에 의
해 설립된 향토방위의용군)라고 하는 현지의 의용군 장교로, 일본군으로
부터 군사훈련을 받았습니다. 그 수하르토가 군사 쿠데타로 정권을 잡은
것입니다.

   미얀마는 전후 오랫동안 일본군이 만든 의용군 간부였던 네 원이 정권
을 장악해왔습니다. 한때 민주화 조짐도 있었습니다만, 지금도 여전히 군
사정권이 계속되고 있습니다.

이와 같이 동북아시아, 동남아시아 등 예전의 대동아공영권[24]을 보면 한국, 인도네시아, 미얀마 등에서 장기간 군사독재정권이 계속되었던 것입니다. 모두 일본군이 육성했던 군인이 정권을 탈취해서 유지해왔던 것입니다. 일본군에 의한 지배유산이 이와 같은 형태로 지속되어온 것입니다. 지금의 인도네시아군은 그야말로 일본군이 육성해서 길러낸 것으로 일본군의 전통을 그대로 계승하고 있습니다. 이런 의미에서 본다면 한국, 미얀마, 인도네시아도 옛날 일본군 전통을 이어받은 군대입니다. 일본의 식민지지배·군사점령은 1945년으로 끝나지 않고 지금까지도 계승되어 남아 있는 것입니다.

20세기 일본의 잔재를 되묻는다

냉전은 일본의 식민지책임이나 전쟁책임을 봉쇄하였습니다. 거기에서 머물지 않고 대일본제국의 지배와의 관계라는 측면에서 볼 때, 실은 대일협력자가 그대로 살아남았고, 정점이 일본에서 미국으로 바뀌었을 뿐이라고 할 수 있습니다. 미국이 군사력으로 지원해주고, 일본이 측면에서 경제원조로 지원하는 구도입니다. 군사적으로는 미국이, 경제적으로는 일본이 지원한 것입니다.

전전·전시 중의 대일협력자가 전후에는 대미협력자가 되어 살아남았

24) 대동아공영권: 제2차 세계대전 당시 일본이 아시아의 여러 나라를 침략하며 내세운 정치 슬로건으로, 일본을 맹주로 아시아협동체를 만들고자 한 정치적·경제적 블록화 구상이다. 1940년 7월 일본이 국책요강으로 '대동아 신질서 건설'이라는 것을 내세우면서 처음 사용하였으며, 태평양전쟁 당시 일본의 아시아 침략을 정당화하기 위한 명분이 되었다.

다는 도식입니다. 1990년대 이후 민주화의 진전이란 것은 독재체제를 쓰러 뜨리고 민주화한다는 과제와 동시에 일본의 식민지지배·군사점령의 유산을 극복해간다는 과제와 병행해서 추진해나가야만 하는 것입니다. 그 전형적인 예가 한국입니다. 물론 한국만은 아닙니다. 동북아시아, 동남아시아 공통의 과제이기도 한 것입니다.

이러한 의미에서 동아시아에서 문제가 되고 있는 것은 단지 60년 전까지의 지나간 역사의 청산이 아니라, 전전·전중·전후를 관통하는 그야말로 20세기 일본이 저지른 수많은 행위와 그러한 가운데 만들어진 구조, 즉 일본 제국주의, 식민지주의 전체를 청산해야 한다는 과제이기도 합니다. 왜냐하면 그 구조·체질이 냉전 안에서 유지·이용되어왔기 때문입니다.

동아시아는 분단되고 분열되었던 역사가 있습니다. 이러한 가운데 마침내 민중이 국가를 초월해서 연대와 단결을 추구해 공동으로 부(負)의 유산을 극복하려는 운동이 시작되고 있다고 할 수 있습니다.

이런 움직임 속에서 가장 미적거리고 있는 것은 일본입니다. 농담이 아니고 아시아 공동체로 나아가려는 움직임을 더디게 하려는 의식이나 행동을 취하고 있는 것이 지금의 일본입니다. 과거의 식민지책임이나 전쟁책임을 지지 않고, 냉전시대의 일본의 대응에 대해서도 제대로 반성하지 않고 있습니다. 오히려 전전의 제국주의 일본을 찬미하고 있는 사람들이 권력을 장악하고 있는 나라가 일본입니다.

동북아시아, 동남아시아를 통틀어 자력으로 민주화를 일으킨 경험이 없는 국가는 아마도 북한과 일본일 것입니다.

7. 세계적인 과거의 재검토

세계적으로 전후 50년경부터 과거의 재검토가 이루어져 왔습니다. 유럽에서는 전후 50년이 되는 1995년에 과거에 대한 재검토가 확산되었습니다. 각국의 지도자들이 각각의 입장에서 과거의 일을 사죄했습니다.

식민지주의는 인도에 대한 죄

또한 제국주의에 대한 비판적인 연구도 이루어졌습니다. 1980년대 이후 미국의 원주민, 이른바 인디언에 대해 또는 일본계 미국인이나 알류샨 열도 사람들에 대해 사죄와 보상이 이루어졌습니다. 호주에서는 애보리진에 대해, 영국에서는 뉴질랜드의 마오리족에 대해 사죄가 이루어졌습니다. 캐나다에서도 선주민에 대해 사죄를 했습니다.

더번회의 장면

2001년 8월부터 9월에 걸쳐 남아프리카공화국에서 '인종주의, 인종차별, 외국인 배척 및 이와 관련된 불관용에 반대하는 세계회의(World Conference against Racism, Racial Discrimination, Xenophobia and Related Intolerance)', 소위 더번회의[25]가 개최되었습니다. 각국 정부와 NGO가 참가한 세계회의에서 노예제와 노예거래는 인도(人道)에 대한 죄라고 인정되었습니다.

정부 간 선언에서는 "식민지주의가 인종주의, 인종차별, 외국인 배척 및 이와 관련된 불관용을 초래하고, 아프리카인과 아프리카계 인민, 아시아인과 아시아계 인민 및 선주민족은 식민지주의의 피해자였고 지금도 계속해서 그 결과의 피해자다", "노예제, 노예거래, 대서양을 넘나든 노예거래, 아파르트헤이트, 식민지주의 및 대량학살이 초래한 대규모의 인간 고통과 무수한 남성, 여성 및 아이들의 고통을 인정하고, 깊이 유감스럽게 생각하며 과거 비극의 희생자의 기억에 경의를 표하고, 언제 어디서 일어났든 이러한 행위는 비난 받아야만 하고, 재발을 방지해야만 한다는 것을 확인하도록 관련국에 호소한다", "자진해서 사죄한 국가와 적절한 경우에는 보상을 한 국가가 있다는 점에 유의한다"는 것을 내용에 포함시켰습니다. 세계적으로 식민지주의라는 것은 당연히 인도에 대한 죄 자체이고 비판받아 마땅하다는 것이 여기서 확인되었던 것입니다.

25) 더번회의: 2001년 8월 남아프리카공화국 더번에서 열린 제3차 세계인종차별철폐회의(WCAR)이다. 이 회의에서 유럽연합은 노예제와 식민주의가 아프리카에 끼친 부정적 영향에 대해 인정하였으나 법적 책임을 수반하는 공식사과는 어렵다는 입장을 밝혔다. 협상 결과, 유럽연합이 사과는 하되, 법적·정치적 의미가 아닌 도덕적 차원에서 사과를 하고 아프리카 국가들이 추진하고 있는 다양한 사회 경제발전계획을 좀 더 적극적으로 지원하는 것으로 귀결되었다.

다만, NGO 선언에는 포함되었지만, 정부 간 선언에는 들어가지 않은 것도 있습니다. NGO 선언에서는 "이러한 인도에 대한 죄를 인정하고, 배상할 것을 거부하거나 실패한 것이 인종주의, 인종차별, 흑인에 대한 적의, 외국인 배척 및 이와 관련된 불관용을 강화하는 데 결정적인 역할을 해온 것을 인정"할 것, "이러한 희생자에게 정당하고 공정한 배상을 제공하는 의무를 인정해야 한다"라는 것을 언급하고 있습니다. 그렇지만 정부 간 선언에서는 식민지주의에 대한 사죄와 배상의 필요성은 언급하지 않았습니다. 이처럼 중대한 한계는 있지만, 식민지주의를 정당화하는 논리는 결코 인정되지 않았습니다.

글로벌시대에 자국 본위는 통하지 않는다

왜 역사의 재검토인가? 여기에는 여러 가지 요인을 들 수 있을 것입니다. 유럽의 EU에서는 현재 공통통화 유로가 사용되고 있습니다. 이런 가운데 자국 본위의 주장은 소용이 없습니다. 국제화 시대이기 때문에 자국은 옳고 다른 나라는 틀리다, 안 된다 등 자기중심적 주장은 통하지 않습니다.

각국은 이미 다민족국가가 되어 있습니다. 구 식민지 시대에 유입된 사람들이나 그 후 경제성장 과정에서 노동자로서 들어온 사람들, 나아가 EU의 경제교류 속에서 많은 사람이 국가의 틀을 넘어 일하고 활동하고 있습니다. 이중국적을 인정하고 있는 국가도 적지 않습니다. 이렇게 되면 국가와 국민을 민족이라든가 혈통으로는 설명할 수 없습니다. 그것으로는 국민통합을 할 수 없습니다. 국가의 기본이념을 설명하는 것은 피의 논리가 아

니라 국가의 기본이념, 즉 자유나 인권, 민주주의라는 이념을 승인할 수 있
는 사람들이 국민이 되어 국가를 구성한다는 논리입니다.

유명한 예로 프랑스에서 행해진 월드컵 축구경기 당시, 프랑스 선수 중
에는 일본인이 일반적으로 프랑스인이라고 생각하는 백인이 아닌 대표선
수가 많이 있었습니다. 유명한 지단은 알제리계이고, 아프리카나 중남미,
태평양제도 출신 흑인도 있었습니다. 프랑스의 극우가 이것은 프랑스 대
표가 아니라고 비난했지만, 실제로 이러한 다양한 사람들에 의해 프랑스
국가는 구성되어 있는 것입니다. 따라서 예전에 제국주의 국가였던 프랑
스는 위대했다는 식의 식민지를 정당화하는 듯한 논의는 다양한 프랑스
국민 공통의 역사 인식으로서는 성립하기 어렵게 됩니다. 다만 제국이라
는 것은 다민족국가이기 때문에 새로운 제국 통합의 논리가 되어버릴 위
험성도 있기 때문에 낙관할 수 없는 측면도 있습니다.

이러한 가운데 과거에 대한 재검토가 계속되고 있는 것입니다.

한국에 대해 소개했듯이 한국 스스로가 민주화를 추진해가는 가운데
국내의 차별이라는 문제를 외면할 수 없게 됩니다. 국내의 외국인 차별과
대면하지 않을 수 없는 것입니다. 그렇지만 어느 국가에서나 이에 대한
반발은 있습니다.

동아시아의 민중연대시대에 일본은!?

그런 가운데 일본은 각국의 극우=우익의 모델이 되고 있습니다. 최근
프랑스 극우가 우리는 일본의 자민당에 비하면 상당히 온건하다는 말을
했다고 합니다. 우리는 사민당만큼 그런 극단적인 말은 하지 않는다는 것

입니다. 한국에서는 자국의 군대범죄를 인정하는 듯한 논의에 맞서 우익이 일본을 본받으라는 말을 했다고 합니다. 이러한 의미에서 일본은 극단적인 국가입니다. 세계적인 기준으로 보면 일본은 극우의 모델이 되는 사회가 된 것입니다.

이런 가운데 지금 동아시아에서 추진하고 있는 과거 극복의 움직임에 대해 일본에서는 단순하게 반일로 본다든지 새삼스럽게 지나간 일을 왜 다시 문제 삼는 것인가라는 논의가 일반적입니다. 또는 중국과 한국은 돈을 노리고 이것저것 구실을 붙이는 것이라고 저차원으로밖에 문제를 보지 못하는 사람들이 있습니다.

지금 동아시아는 앞에서도 언급했듯이 국가를 넘어 연대하려는 움직임이 진행되고 있습니다. 한국의 강제동원피해진상규명위원회의 활동에 대해 언급하였습니다만, 이 위원회의 초대 사무국장 최봉태 씨와 대화를 나누었을 때, 그는 이 위원회가 한국 정부의 기관이지만, 한국과 일본의 양심적인 사람들에 의해 지탱되어왔기 때문에 일본의 연구자들도 꼭 이 기관을 이용해달라고 말했습니다. 한국 정부기관이지만 국가를 넘어 아시아의 피해자를 위하여 이용하지 않겠느냐고 지적한 것입니다.

이러한 움직임에 대한 반발·공격도 강하기 때문에 낙관할 수는 없지만, 동아시아 사람들이 연대하여 공동으로 미래를 만들어갈 수 있는 조건이 여기저기서 생겨나고 있습니다. 마침내 우리들은 동아시아 민중의 연대를 전망할 수 있는 시대를 맞이하고 있다고 말할 수 있을 것입니다.

참고문헌

강의록이라는 성격으로 인해 일일이 자료 출처를 밝히지 않았습니다. 여기서는 주요 참고문헌만을 제시합니다. 아래에 제시한 제 책이나 논문에 보다 상세한 참고문헌이 소개되어 있습니다. 많은 분들의 연구성과를 참고했습니다만 전부 다 제시하지 못했음을 널리 양해해 주시기 바랍니다.

【1장】

粟屋憲太郎, 『東京裁判への道』 上下, 講談社, 2006年.

林博史, 『BC級戦犯裁判』, 岩波新書, 2005年.

林博史, 『裁かれた戦争犯罪 - イギリスの対日戦犯裁判』, 岩波書店, 1998年.

林博史, 「連合国戦争犯罪政策の形成 - 連合国戦争犯罪委員会と英米」 上下 (関東学院大学経済学部総合学術論叢, 『自然・人間・社会』 第36・37号, 2004年 1月・7月) (필자의 웹사이트에 게재 http://www32.ocn.ne.jp/~modernh)

林博史, 「'慰安婦'問題と戦犯裁判 - 実証的な東京裁判研究を」, 『現代思想』 第35巻 10号, 2007年 8月.

林博史, 「連合国戦犯裁判政策の再検討 - A級とBC級を統合する視点から」, 『年報 日本現代史』 第13号, 2008年 5月.

日本の戦争責任資料センター・女たちの戦争と平和資料館 編, 『ここまでわかった! 日本軍'慰安婦'制度』, かもがわ出版, 2007年.

【2장】

林博史,「基地論 - 日本本土・沖縄・韓国・フィリピン」,『岩波講座 アジア・太平洋戦争 7 支配と暴力』, 岩波書店, 2006年.

李鐘元,『東アジア冷戦と韓米日関係』, 東京大学出版会, 1996年.

古関彰一,『'平和国家'日本の再検討』, 岩波書店, 2002年.

徐勝 編,『東アジアの冷戦と国家テロリズム』, 御茶ノ水書房, 2004年.

【3장】

藤氷壯,「韓国の『過去淸算』とは何か」,『情況』, 2005年 10月. (후지나가 다케시 씨의 웹사이트 참조 http://www.dce.osaka-sandai.ac.jp/~funtak/)

山田昭次,「戦時動員 (强制連行)された朝鮮人とその遺族の戦後」,『季刊 戦争責任研究』第49号, 2005年 9月.

山田昭次・古庄正・樋口雄一,『朝鮮人戦時労働動員』, 岩波書店, 2005年.

岩崎稔 編,『繼續する植民地主義』, 靑弓社, 2005年.

田中宏・板垣龍太 編,『日韓新たな始まりのための20章』, 岩波書店, 2007年.

『季刊 戦争責任研究』(日本の戦争責任資料センター)의 여러 논문 참조.

3장의 한국 동향에 대해서는 후지나가 다케시(藤氷壯) 씨, 야마다 쇼지(山田昭次)씨, 이타가키 류타(板垣龍太) 씨의 연구에 크게 의존하였습니다. 또한 일제강점하강제동원피해진상규명위원회와 동북아역사재단 등을 비롯한 한국의 연구자 및 스탭과의 교류, 일본의 전쟁책임자료센터의 활동을 통해 얻은 자료와 정보도 크게 도움이 되었습니다.

역자 후기

해방 이후 한일관계는 크게 변화해왔다. 1965년 한일 국교정상화로 경제교류가 시작되면서 한일 간 무역 규모는 크게 증가하였고, 경제교류는 더욱 긴밀해지고 다각화하고 있다. 2010년 현재 한일 간 무역규모는 924억 달러를 나타내고 있다. 인적 교류도 크게 확대되었다. 2010년 현재 장기간 일본에 체류하는 한국인은 11만 명에 이르고, 유학생도 2만 명이 넘는다. 개인적 차원의 교류도 크게 증가하여, 한 해 일본을 방문하는 한국인 수는 2010년 현재 240만 명이나 된다.

반면 식민지 지배에 따른 역사 청산의 문제는 지금도 여전히 현안으로 남아 있다. 이 문제는 한일 정부 차원에서 제대로 다루어지지 못했고 피해자 개인의 호소에 의해 조금씩 진전되어왔다. 현재에도 전쟁시에 군인·군속으로 일했던 사람들의 원호 문제가 남아 있고, 일본 기업에서 일했던 강제 노동자들의 체불임금 및 후생연금 문제도 있다. 위안부 할머니들에 대한 피해보상 문제도 여전히 진전되지 못하고 있다. 일본 정부는 1965년의 한일 국교정상화 조치로 식민지 지배와 전쟁으로 인한 피해 문제가 모두 종결되었다는 입장을 취하고 있기 때문에 앞으로 이 문제가 크게 진전되기는 어려운 상황이다.

이렇게 본다면 지난 67년 동안 한일관계는 꾸준히 진전되었음에도 불구하고 여전히 많은 과제를 안고 있다. 과거사 문제가 제대로 해결되지

못하고 있는 것은 식민지 지배와 전쟁으로 인한 피해를 외면한 한일 국교
정상화 조치에 따른 것이기도 하지만, 이 문제에 대한 책임을 자각하지 못
한 전후 일본 사회의 역사인식의 부재에도 큰 원인이 있다. 2,000만 명이
넘는 아시아 민중의 목숨을 앗아간 전쟁에 대한 책임을 자각하지 못하고,
자신들의 피해에만 집착해온 일본인의 역사인식에 문제가 있다.

그렇다면 일본은 왜 이 문제를 제대로 고민하지 못했고, 앞으로 이 문
제는 어떻게 해결될 수 있는가? 미래지향적인 관점에서 일본과 아시아 국
가는 어떤 관계를 지향해야 하는가?

이 책에서 하야시 히로후미(林博史) 교수는 한일관계를 규정하는 근원
적인 물음을 제기하고 있다. 일본이라는 일국주의의 관점을 넘어 동아시
아라는 큰 틀에서 이 문제에 접근하고자 하는 것이 그의 독자적인 시각이
다. 그는 이 책에서 전후 일본 사회를 지탱해온 평화주의의 성과를 인정하
면서도 그 일국주의적 한계를 철저히 밝혀내고자 하였다. 하야시 교수는
전범 재판, 전쟁책임 문제, 오키나와(沖縄)전쟁 연구의 권위자이며, 스스
로 시민운동에 참가해 피해자 구제에도 적극적으로 참여해온 진보적인 학
자이다. 따라서 진보진영의 평화운동의 한계에 대해서도 비판적인 그의
지적은 상당히 무게감 있게 다가온다.

이 책은 '어린이와 교과서를 생각하는 후추(府中) 모임'이라는 한 시민
단체에서 3회에 걸쳐 행한 강연을 바탕으로 한 것이다. 시민을 상대로 한
강연인 만큼 쉬운 말로 설득력 있게 논의를 전개하고 있다. 그러면서도 다
루는 범위가 상당히 넓고 깊다. 동아시아라는 큰 틀에서 식민지 지배와 전

쟁피해, 전후처리, 앞으로의 과제 등 근대 이후 1세기가 넘는 시기를 다루고 있으며, 연구자로서, 지식인으로서 자신이 필생의 과제로 고민해온 문제를 진지하게 언급하고 있다.

1장에서는 전범재판과 전쟁책임의 문제를 포괄적으로 다루고 있다. 일본에서는 전범재판이 연합국이라는 승자에 의한 일방적인 심판이라는 시각이 지배적이며, 진보적인 사람들도 이런 시각을 가지고 있는 경우가 많다. 이에 대해 하야시 교수는 역사적으로 제1차 세계대전이 가져온 엄청난 피해를 극복하려는 과정에서 전쟁범죄를 재판한다는 사고가 등장하였고, 당시 평화운동을 전개하던 법률가나 평화운동가, 중소 국가의 목소리가 모아져 제2차 세계대전의 전범재판이 실현되었다고 지적한다. 또한 이러한 노력은 2003년 국제형사재판소 설립의 토대가 되었고, 도쿄재판의 판례는 지금도 살아 있다고 지적한다.

나아가 하야시 교수는 도쿄재판이 미국이라는 승자에 의해 일방적으로 진행된 것이 아니라 미일합작에 의해 진행되었다는 점도 지적한다. 천황의 측근이나 해군 관계자, 외교관들이 미국과 내통해 천황의 전쟁책임을 면제하고 육군 수뇌부에게 모든 전쟁책임을 뒤집어씌웠다. 이들은 피고 선정이나 증거서류의 준비, 법정심문에 대해서도 미국과 은밀히 협력하였다. 이러한 과정은 미국으로서는 새로운 동맹자를 만드는 수단이기도 하였고, 미국과 내통했던 세력은 후일 요시다 시게루(吉田茂) 내각을 지탱하는 자민당 보수 본류가 되었다.

이런 점에서 전범재판에 대한 일본인의 인식은 매우 편향된 것이며, 이는 전후 일본의 평화주의가 개인의 가해책임을 자각하지 못한 '책임 없는

평화주의'임을 드러내는 것이라고 할 수 있다. 하야시 교수는 전후 일본인의 평화의식의 한계를 보여주는 단적인 예로 '나는 조개가 되고 싶다(私は貝になりたい)'라는 영화를 소개한다. 이 영화는 포로를 찔러 죽이라는 상관의 명령을 받고 찌르려고 했지만 죽일 수 없었던 선량한 이등병이 전범이 되어 사형을 당하는 부조리함을 그린 영화이다. 하야시 교수는 실제 전범재판에서 상관의 명령에 따랐다는 것만으로 사형에 처해진 사례가 없는 데도 마치 있었던 것처럼 생각하게 만든다는 점에서 이 영화는 전범재판에 대한 잘못된 이미지를 퍼뜨렸다고 지적한다. 나아가 이 영화가 일본인들에게 널리 공감을 불러일으킨 배경에는 선량한 서민이 전쟁에 휘말려 비참한 꼴을 당했다고 하는 주인공의 처지를 자신과 동일시함으로써 자신들도 모두 피해자였다고 말하고 싶은 일본인의 무책임이 있다고 지적한다. 마치 전쟁 자체의 불합리를 그린 영화로 둔갑시킴으로써 전쟁책임의 문제를 회피하고 있는 것이다.

전쟁책임에 대한 회피는 부조리한 죽음의 책임을 면죄하는 야스쿠니신사와 연결된다. 후지와라 아키라(藤原彰)의 연구에 따르면 제2차 세계대전에서 전사한 일본군인 230만 명의 절반 이상이 아사(餓死)했다고 한다. 또한 일본군은 포로를 인정하지 않는 군대였기 때문에 옥쇄를 강요당했다. 항복해서 포로가 되는 길을 선택했으면 살 수 있었는데도 일본 국가와 일본군에 의해 죽음으로 내몰린 것이다. 이들 전사자를 야스쿠니 신사에 모셔 영령화(英靈化)함으로써 유족은 죽음을 납득하게 되고, 이들을 죽음으로 내몰았던 지도자들의 책임은 추궁되지 않았다. 이런 점에서 야스쿠니 신사는 일본군과 일본 국가가 선량한 군인들을 죽음으로 내몰았던 것을 은폐하고 그 책임을 추궁하지 못하게 하는 교묘한 도구였다.

그는 일본군이 행한 세균전이나 화학전, 무차별 공습, 위안부 동원 등 전범재판이 다루지 못한 잔학행위에 대해서도 지적하고 있다. 특히 '전범재판의 식민지주의'적 한계에 대해 지적하고 있는데, 전쟁범죄는 교전국 간의 적국민에 대한 범죄를 대상으로 하기 때문에 자국민으로 간주되었던 식민지 민중에 대한 잔학행위는 재판대상이 되지 않았다고 한다. 따라서 한반도에서의 강제연행, 강제노동 문제 등을 비롯한 식민지 민중에 대한 일본의 조직적인 잔학행위는 재판대상이 되지 못했다. 우리에게 식민지 지배의 고통을 다시 한 번 상기시키는 대목이다.

2장에서는 전후 일본의 평화주의를 뒷받침한 헌법 9조와 평화의식의 문제점을 동아시아라는 큰 틀에서 조명하고 있다. 전쟁포기와 전력 불보유(戰力不保有)를 선언한 헌법 9조의 평화주의는 전후 일본 국민의 절대적인 지지를 받아왔다. 그렇지만 개인의 책임을 자각하지 못한 평화주의는 헌법 9조만 지키면 된다는 추상적인 평화주의에 머물러왔다.

하야시 교수는 헌법 9조가 대외적으로 천황제를 유지하기 위해 만들어진 점에 주목한다. 따라서 전쟁책임이 애매해지는 것을 헌법 9조가 보충했다고 할 수 있는데, 이런 가운데 누구에게도 책임이 추궁되지 않았기 때문에 일본 국민 모두가 안심하고 헌법 9조를 지지할 수 있었다고 지적한다. 이런 점에서 전후 평화주의는 개인의 책임 문제를 회피해왔고, 그 결과 책임 없는 일본 사회가 만들어져왔다.

본토에서 평화를 지키겠다는 헌법 9조에 기초한 평화주의는 그 부담을 오키나와와 한국으로 전가시키는 것을 용인하였다. 본토의 미군기지에 대한 저항은 오키나와로 기지를 이전시켰고, 그 결과 오키나와의 미군기지

점유율은 15%에서 75%로 크게 증가하였다. 또한 한국으로 주일미군의 일부를 이전시켰고 핵무기도 이전시켰다.

나아가 일본의 전쟁책임을 묻지 않는 전후처리와 냉전상황은 미국과 주변국들이 개별적으로 군사동맹을 맺게 하는 구실이 되어왔다. 주변국들은 미국과 개별적으로 군사동맹을 맺어 일본의 군사력에 대응해왔고, 미일안보조약을 일본의 주변국 침략을 억제한다는 의미로 받아들여왔다. 이런 점에서 냉전 하에서 동아시아지역은 분단되어 있었다고 할 수 있다.

하야시 교수는 이러한 점을 검토하면서 일국주의적인 안전보장체제를 극복하고 동아시아지역 차원에서 안전보장체제를 구축할 수 없을까라는 문제를 조심스럽게 제기한다. 다국 간 안보체제를 통해 자신이 가해자가 되지도 않고 피해자가 되는 않는, 공격도 하지 않고 공격도 받지 않으며, 적을 만들지도 않고 적이 될 만한 관계를 만들지도 않으면서 군사력, 테러, 해적, 환경, 마약, 인신매매, 식량 등의 문제에서 협력관계를 구축할 수 있지 않을까라고 묻는다. 이러한 협력관계를 모색하는 가운데 일본 군사력의 방식, 자위대에 대한 민주적 통제 등에 대해 고민할 필요가 있다고 지적한다. 이런 문제제기는 일본의 평화운동이 회피해온 문제이고, 우리에게도 아직까지 현실적인 거리감이 느껴지는 문제이다. 동아시아의 긴장을 완화하고 평화를 구축한다는 관점에서 진지하게 검토할 필요가 있을 것이다.

3장에서는 동아시아, 동남아시아에서의 식민지 지배와 전쟁피해, 전후 식민지 유산을 극복하기 위한 움직임 등을 검토하고 있다. 특히 한국에서의 '과거 극복'의 움직임으로써 식민지 지배로 인한 피해, 분단 과정에서 발생한 문제, 군사정권 하에서 행해진 민주화운동에 대한 탄압 및 인권침해 등의 진상을 규명하고 피해자의 명예를 회복하려는 움직임을 자세히 살펴보고 있다. 하야시 교수는 한국에서의 이러한 작업을 근대 이후의 1세기를 대상으로 하는 '과거 극복'의 움직임으로 높이 평가하고 있다.

이와 대조적으로 그는 일본에서 과거 극복이 전혀 이루어지지 못한 점도 지적한다. 일본에서 전쟁을 이끈 세력들이 전후에도 일본 정치를 좌우해왔고 그 후손들이 현재에도 일본 정치를 이끌고 있다. 전후 50년간 정권교체를 하지 못했던 일본에서는 과거 극복이 전혀 정치적 이슈가 되지 못했다.

그런데 역사를 바로 세우려는 우리의 과거 청산의 노력들이 한국에서는 보수진영과 진보진영 간 정쟁 속에서 제대로 평가되지 못하고 있다. 당사자 및 후손들의 이해관계에 얽혀 그 의미가 축소되고 왜곡된 측면이 강하다. 일본 지식인의 눈에 비추어진 우리의 과거 극복에 대한 평가를 접하면서 새삼 우리 스스로가 우리의 과거 극복의 노력들을 적극적으로 평가했는지 되돌아보게 된다.

일본이 전쟁책임의 문제에 제대로 대처해오지 못한 것은 일본 사회의 큰 불행이다. 300만 명이 넘는 일본인과 2,000만 명이 넘는 아시아 민중을 무고한 죽음으로 내몰았던 전쟁에 대해 최고통치권자인 천황이 아무런 책임을 지지 않았다는 사실은 지금도 여전히 일본인들에게 원죄처럼 따라다니고 있다. 국가 차원에서 책임을 지지 않았다는 역사적 사실은 일본이라는 국가의 비도덕성, 무윤리성을 노정시켰다. 이런 점에서 일본이 한국 등 아시아 여러 나라에 대해 행했던 가해의 역사를 제대로 주시하고 과거를 극복하는 것은 여전히 중요한 과제라는 하야시 교수의 지적은 매우 적절하다.

역사의 교훈을 잊지 않으려는 노력은 매우 소중하다. 과거를 돌아보고 지금 우리가 어디에 있는지를 되묻는 노력이 지속될 때 역사는 진보한다.

최근 한일 시민사회 간의 교류가 활발하다. 피해자 구제를 위해 소송을 지원하고 각종 자료를 뒷받침해주는 일본 시민단체의 노력은 매우 숭고하다. 깨어 있는 다수의 이러한 노력들이 한일 간 이해의 폭을 넓히고 피해자 구제에도 기여할 것이다. 이 책이 한일관계를 되돌아보고 다양한 논의를 촉구하는 계기가 되었으면 좋겠다.

이 책을 번역한 '현대일본사회연구회'는 한국방송통신대학교 일본학과 졸업생들로 구성된 일본연구회다. 깨어 있는 보통 시민의 시각에서 일본 사회를 연구하겠다는 의욕으로 연구회를 시작한 지도 벌써 6년이다. 평범한 시민이면서도 틈만 있으면 자료를 찾아 검토하고 토론하기를 좋아하는 40~50대의 열정적인 사람들이 연구회의 핵심 멤버다. 회원 중에는 일본인에게 한국 문화를 올바로 전달하고자 문화해설사로 활동하고, 다문화가정의 외국인에게 한국어를 가르치는 사람도 있다. 도움을 필요로 하는 이웃이나 장애인을 위한 봉사활동에 적극적인 사람도 많다.

현대일본사회연구회는 보다 비판적이고 성찰적인 토론을 통해 한일 시민사회의 교류를 촉진하고 한국 시민사회의 수준을 높이는 데 조금이나마 기여하는 활동을 해나가겠다는 소박한 계획을 가지고 있다. 나아가 이번 번역이 우리 사회에서 이런 소모임 활동이 더욱 활성화되고 보통 시민에 의한 토론과 실천이 활성화되는 하나의 모범 사례가 되었으면 하는 소박한 바람도 가지고 있다.

한국방송통신대학교 일본학과
정현숙

부 록

- A급 전범
- 추천 도서

A급 전범

도쿄재판에서 A급 전범으로 기소된 사람은 총 28명으로 사형 7명, 종신
금고형 16명, 금고 20년형 1명, 금고 7년형 1명 등 총 25명에게 판결이 내
려졌다. 나머지 2명은 재판 도중 사망, 1명은 재판 도중 정신 장애가 인정
되어 기소가 취소되었다.

● 사형

기무라 헤이타로(木村兵太郎)

육육군 대장. 육군대학교 졸업. 1939년 제32사단장, 1940년 관동군 참
모장을 거쳐 1941~1943년 육군차관을 역임하였으며, 1944년 버마 방면군
사령관에 임명되었다. 1945년 4월 영국군의 버마 침공이 개시되자 자신의
막료들과 함께 비행기로 랑군을 탈출함에 따라 군대의 지휘명령 계통에
혼란이 발생해 14만 4천 명의 일본군이 전사하였다. A급 전범으로 기소되
어 1948년에 사형되었다.

도이하라 겐지(土肥原賢二)

육군 대장. 육군대학교 졸업. 만주지역에서 특무기관장으로 활동하였
으며 만주사변 직후 펑톈(奉天)시장에 취임하였다. 텐진에서 중국인이 폭

동을 일으키도록 공작한 후 그 혼란한 틈을 이용해서 일본 조계지에 있던 청나라의 마지막 황제 부의(溥儀)를 만주로 이송하였다. 1933년 평텐 특무기관장으로 활동하였고, 패전 시에는 제12방면군 사령관을 역임하였다. A급 전범으로 기소되어 1948년에 사형되었다.

도조 히데키(東条英機)

육군 대장, 정치가. 육군대학교 졸업. 1935년 관동군 헌병사령관, 1937년 관동군 참모장에 취임하여 중일전쟁을 추진하는 주도적인 역할을 하였다. 1941년 10월 제40대 내각총리대신 겸 내무대신, 육군대신으로 취임하였고, 같은 해 12월에 진주만 기습공격을 단행해 태평양전쟁을 개시하였다. 효율적인 전쟁수행을 위해 강력한 전시통제정책을 실시하였고 1944년 7월까지 태평양전쟁을 총지휘하였다. A급 전범으로 기소되어 스가모형무소에서 1948년에 사형되었다.

마쓰이 세키네(松井石根)

육군 대장. 육군대학교 재학 중 러일전쟁에 참전하였다. 하얼빈 특무기관장, 제네바 일반군축회의 전권위원, 타이완군 사령관, 군 참의관 등을 역임한 후 1935년에 예비역이 되었다. 1937년 중일전쟁이 발발하자 군에 복귀하여 상하이 파견군 사령관, 중지나(中支那) 방면군 사령관에 임명되어 난징을 공략하였다. 난징 점령 당시 대학살사건의 책임을 물어 A급 전범으로 기소되었고 1948년에 사형되었다.

무토 아키라(武藤章)

육군 중장. 육군대학교 졸업. 1936년 2.26 쿠데타 사건 후의 숙군(肅軍)

과정에서 두각을 나타내면서 데라우치 히사이치(寺內壽一)의 정무막료로서 히로타 내각의 조각에 관여하였다. 1936년 관동군 참모가 되어 첩보부대를 조직하였고, 1937년 3월 참모본부 작전과장으로 일하였다. 1937년 11월 중지나(中支那) 방면군 참모부장이 되어 난징 공략을 지도하였다. 그후 육군성 군무국장, 고노에 사단장, 제14방면군 참모장을 맡았다. A급 전범으로 기소되어 1948년에 사형되었다.

이타가키 세이시로(板垣征四郎)

육군 대장, 정치가. 육군대학교 졸업. 관동군 사령부의 고급 참모, 펑텐 특무기관장으로 있으면서 1931년 만주사변을 일으켰다. 만주국 창설 후에는 만주국군정부 최고고문, 관동군 참모장, 사단장을 역임하였고, 만주척식주식회사를 설립해 일본인의 만주 이민계획을 추진하였다. 1938년 제1차 고노에 내각의 육군대신으로 국가총동원법의 추가 발동, 만주산업 5개년 계획을 시행하였고, 그 후 조선군 사령관, 제7방면군 사령관으로 활동하였다. A급 전범으로 기소되어 1948년에 사형되었다.

히로타 고키(広田弘毅)

외교관, 정치가. 도쿄제국대학 법학과 졸업. 1930년 소련대사, 1933~34년 외무대신을 지냈고, 1936년 2.26 쿠데타 사건 후에 내각총리대신이 되었다. 1937년 6월 제1차 고노에 내각의 외무대신으로 중일전쟁의 개전 및 확대에 관여하였고, 전시기에 중신회의(重臣會議)에 참가하여 수상 추천에도 관여하였다. A급 전범으로 기소되어 스가모형무소에서 1948년에 사형되었다.

• 종신금고형

가야 오키노리(賀屋興宣)

관료, 정치가. 대장성(大蔵省) 차관을 거쳐 1937년 제1차 고노에 내각의 대장대신(大蔵大臣)이 되어 전시기의 재정을 담당하였고, 1941년 도조 내각에서도 대장대신으로 일했다. A급 전범으로 기소되어 종신금고형을 언도받았으나 1955년에 가석방되었다. 1958년부터 자민당의 중의원 의원으로 5회 당선되었고, 제2차, 제3차 이케다 내각의 법무대신을 역임하였다.

고이소 구니아키(小磯国昭)

육군 대장, 정치가. 육군대학교 졸업. 육군 차관, 관동군 참모장 등을 역임하였다. 1939년 히라누마 내각과 1940년 요나이 내각에서 척무대신(拓務大臣)을 역임하였고, 1942년 조선 총독이 되었다. 1944년 7월에 내각총리대신이 되어 '일억 총무장'을 표방하며 전쟁 완수를 내걸었으나 패배 국면을 타개하지 못하고 1945년 4월에 총사직하였다. A급 전범으로 종신금고형을 선고받았으나 1950년 스가모형무소에서 식도암으로 사망하였다.

기도 고이치(木戸幸一)

궁중 정치가. 메이지유신의 공로자인 기도 다카요시(木戸孝允)의 손자. 교토제국대학 법학부 졸업 후 농상무성에서 근무하였다. 1937년 제1차 고노에 내각의 문부대신 겸 후생대신, 1939년 히라누마 내각의 내무대신을 역임하였다. 1940년 내대신(内大臣)에 취임하여 천황의 최측근으로 국정의 실권을 장악하였다. 중신회의에서 주도적인 역할을 하였으며 1941년 도조내각을 성립시키는 데도 주도적인 역할을 하였다. A급 전범으로 기소되어 1948년에 종신금고형을 받았으나, 1955년 질병으로 가석방되었다.

미나미 지로(南次郎)

육군 대장. 육군대학교 졸업. 지나 주둔군 사령관, 조선군 사령관, 군사참의관을 거쳐 1931년 제2차 와카쓰키 내각에서 육군대신을 역임하였다. 그후 관동군 사령관 겸 만주국 대사, 조선 총독, 추밀 고문관, 귀족원 의원 등을 역임하였다. 1936년 조선 총독이 되어 내선일체화를 주창하며 창씨개명을 추진하였다. A급 전범으로 기소되어 종신금고형이 선고되었고, 1954년에 가석방되었다.

사토 겐료(佐藤賢了)

육군 중장. 육군대학교 졸업. 1935년 육군대학교 교관으로 근무하고, 1942년 육군성 군무국장, 1945년 제37사단장을 역임하였다. 최연소 A급 전범으로 종신금고형 판결을 받아 복역하였으며, 1956년에 가석방되었다.

스즈키 데이이치(鈴木貞一)

육군 중장. 육군대학교 졸업. 제2차, 제3차 고노에 내각과 도조 내각에서 기획원 총재를 역임하였고, 1943년 내각경제고문, 1944년 산업보국회 회장 등을 역임해 전시기 통제경제를 이끄는 데 중요한 역할을 하였다. A급 전범으로 기소되어 종신금고형을 선고받았고, 1955년에 가석방되었다.

시라토리 도시오(白鳥敏夫)

외교관. 도쿄제국대학 졸업. 1930년 외무성 정보부장이 되었고, 일본의 국제연맹 탈퇴 등 강경외교를 주장하였다. 1938년 이탈리아 대사로 부임하여 일・독・이 삼국동맹의 체결을 추진하였고, 1942년 중의원 의원으로 활동하였다. A급 전범으로 기소되어 종신금고형을 받았고, 복역 중인 1949년 6월에 옥중 사망하였다.

시마다 시게타로(嶋田繁太郎)

해군 대장. 해군대학교 졸업. 해군 군령부 차장, 지나(支那) 방면 함대 사령장관 등을 거쳐 1941년 도조 내각의 해군대신으로 취임하여 전쟁을 이끌었다. 도조내각 타도를 기도하는 해군과 중신층의 배격운동으로 인해 마리아나해전에서 패한 후 1944년 7월에 해군대신을 사임하였다. A급 전범으로 기소되어 종신금고형을 받았으나 1955년에 가석방되었다.

아라키 사다오(荒木貞夫)

육군 대장. 육군대학교 졸업. 무관으로 러시아에 장기간 근무한 러시아 전문가로 시베리아 출병 시에는 블라디보스톡 파견군 참모로서 반혁명군을 원조하였다. 헌병사령관, 육군대학교 교장, 제6사단장, 교육총감 본부장 등을 역임하였다. 1931~34년 육군대신, 1934년 군사 참의관을 지냈고, 1938~39년 문부대신이 되어 교육의 군국화에 힘썼다. A급 전범으로 종신 금고형을 선고받았으나 1954년 질병 요양을 이유로 가석방되었고, 이후 강연활동 등으로 여생을 보냈다.

오시마 히로시(大島浩)

육군 중장. 외교관. 육군대학교 졸업. 1934년 독일대사관 소속 무관으로 일하였고, 친나치파로 1936년 일·독 방공협정 체결을 추진하였다. 1938년 독일 대사로 취임하여 삼국동맹의 체결을 추진하였다. 1939년 독·소 불가 침조약의 체결로 삼국동맹 문제가 중단됨에 따라 독일 대사를 사임하였으나, 1940년 삼국동맹이 체결된 뒤 다시 독일대사로 임명되었다. A급 전범으로 기소되어 종신금고형을 받았으나 1955년에 가석방되었다.

오카 다카즈미(岡敬純)

해군 중장. 해군대학교 졸업. 잠수학교 교관, 국제연맹 일본대표부 근무 등을 거쳐 1940년 해군성 군무국장, 1944년 해군차관이 되었다. 해군 내에서 대미 개전을 강력하게 주장한 것으로 알려져 있다. A급 전범으로 기소되어 종신금고형을 선고받았고, 복역 중인 1954년에 가석방되었다.

우메즈 요시지로(梅津美治郎)

육군 대장. 육군대학교 졸업. 1934년 지나 주둔군 사령관을 역임하였고, 1936년 육군 차관으로 2.26 쿠데타 사건의 숙군(肅軍)을 추진하였으며, 1939년 관동군 사령관, 1944년 육군 참모총장이 되었다. 패전 후 시게미쓰 마모루(重光葵)와 함께 항복문서에 조인하였다. A급 전범으로 종신금고형을 선고받았으나 1949년에 질병으로 옥중에서 사망하였다.

하시모토 긴고로(橋本欣五郎)

육군 대좌. 육군대학교 졸업. 1930년 국가개조를 목표로 육군 중견장교를 중심으로 사쿠라회를 결성하였다. 1931년 쿠데타(3월 사건, 10월 사건)를 도모하였으나 실패하였다. 1936년 육군 대좌로 퇴역한 후 파시즘운동

을 추진하기 위해 일본청년당을 결성하였고, 1940년 국민통제조직인 대정
익찬회(大政翼贊會) 결성에 주도적인 역할을 하고, 대정익찬회 상임 총무
로 활동하였다. A급 전범으로 종신금고형을 선고받아 복역하던 중 1955년
에 가석방되었다.

하타 슌로쿠(畑俊六)

육군 대장. 육군대학교 졸업. 1936년 대만군 사령관, 1937년 군사 참의
관, 육군 교육총감을 역임하였다. 1938년 중지나(中支那) 파견군 사령관으
로 쉬저우(徐州) 전투, 우한(武漢) 작전을 지휘하였다. 1939년 육군대신을
역임하였고, 1941년 지나 파견군 총사령관으로 참전했다. 최후의 친영미
파라고 할 수 있는 요나이 내각에서 본인이 육군대신을 단독 사임해 요나
이 내각이 와해되는 결과를 초래했다. 도쿄재판에서 이 점이 문제가 되어
사형이 논의되었으나 요나이의 변론으로 종신금고형이 선고되었고, 1954
년에 가석방되었다.

호시노 나오키(星野直樹)

관료. 정치가. 도쿄제국대학 법학부 졸업. 대장성(大蔵省), 만주국 재
정부 근무 후 1937년 국무원 총무장관에 취임하여 만주국의 재정 및 경제
를 총괄하였다. 1940년 제2차 고노에 내각에서 기획원 총재를 역임하였
고, 1941년 도조내각의 서기관장이 되어 도조의 측근으로 막강한 발언력
을 행사하였다. A급 전범으로 기소되어 종신금고형이 선고되었으나 1955
년에 가석방되었고, 그후 도큐(東急)국제호텔 사장, 다이아몬드사 회장
등을 역임하였다.

히라누마 기이치로(平沼騏一郞)

사법관료 출신의 정치가. 도쿄제국대학 법학부 졸업 후 판사와 검사로 일했다. 1911년 사이온지 내각의 사법차관이 되었으며 검사총장, 대심원장을 역임했다. 1923년 제2차 야마모토 내각의 법무대신, 1925년 추밀원 부의장, 1936년 추밀원 의장을 역임하였다. 1939년 1월 제1차 고노에 내각이 총사직함에 따라 추밀원 의장으로서 내각을 조직하였고, 제2차, 제3차 고노에 내각에서 국무대신으로 일했다. A급 전범으로 기소되어 종신금고형이 언도되었으나 1952년 질병으로 가석방된 직후 사망하였다.

● 금고형

도고 시게노리(東鄕茂德)

외교관, 정치가. 도쿄제국대학 문학부 졸업. 태평양전쟁 개전 및 종전 시에 외무대신을 역임하였다. 1941년에 도조내각에서 외무대신 겸 척무대신이 되어 미일 교섭에 참여하였고, 1945년 4월에 성립한 스즈키 내각에서 외무대신 겸 대동아대신(大東亞大臣)이 되어 종전을 위해 힘썼다. 개전 시의 외상으로서의 전쟁책임을 물어 A급 전범으로 기소되었고, 금고 20년 판결을 받고 복역 중인 1950년에 병사하였다. 임진왜란 때 조선에서 일본으로 끌려간 도공의 후예이다.

시게미쓰 마모루(重光 葵)

외교관. 정치가. 도쿄제국대학 법학부 졸업. 외무성 관료가 되어 독일, 영국, 미국, 중국, 소련 등 해외공관에서 근무하였으며, 영국대사를 역임하였다. 1943~45년 도조 내각과 고이소 내각에서 외무대신을 역임하였다.

패전 이후 성립된 히가시구니노미야 내각에서 외무대신이 되어 항복문서에 조인하였다. 도쿄재판에서 A급 전범으로 기소되어 금고 7년형을 선고받았고, 1950년 11월에 가석방되었다. 정계에 복귀한 후 개진당 총재, 민주당 부총재로 활약하였으며 중의원에 3회 당선되었고, 하토야마 내각에서 외무대신을 역임하였다. 1932년 4월 29일 상하이 홍구(虹口)공원에서 열린 천장절 행사에서 윤봉길 의사가 던진 폭탄에 맞아 중상을 입었다.

• 기타

나가노 오사미(永野修身)

해군 대장. 해군대학교 졸업. 미국 대사관 무관 등을 거쳐 1930년 군령부 차장을 지냈고, 1935년 런던군축회의 전권에 임명되어 일본의 회의 탈퇴를 통고하였다. 1936년 히로타 내각의 해군대신으로 취임하였고, 1941년 군령부 총장이 되어 태평양전쟁에서 해군 작전을 지도하였으며, 1944년에는 천황의 해군 최고고문이 되었다. A급 전범으로 기소되었으나, 재판 도중인 1947년에 병사하였다.

마쓰오카 요스케(松岡洋右)

외교관. 정치가. 13세 때 미국에 건너가 고학으로 오레곤대학 법학부를 졸업한 뒤 외교관이 되어 중국, 러시아, 미국 등에서 근무하였고, 데라우치 내각의 총리대신 비서관 겸 외무서기관으로 시베리아 출병에도 깊이 관여하였다. 외무성을 사직한 뒤 남만주철도주식회사의 이사와 부총재로 일하였다. 1930년 정우회 소속으로 중의원에 당선된 후 국제협조를 주장하는 시데하라 외교를 비판하는 강경 발언으로 국민에게 인기를 얻었다. 1940

년 제2차 고노에 내각에서 외무대신 겸 척무대신을 역임하였다. 일본의 국제연맹 탈퇴, 일·독·이 삼국동맹 체결, 일소중립조약 체결 등에서 외교관 및 외무대신으로 중요한 역할을 담당하였다. A급 전범으로 기소되었으나, 재판 도중인 1946년에 병사하였다.

오오카와 슈메이(大川周明)

일본 파시즘운동의 이론적 지도자. 도쿄제국대학 철학과에서 인도철학을 전공한 후 식민지 인도의 실상에 관심을 갖게 되어 인도의 식민정책을 연구하였다. 1918년 남만주철도주식회사에 입사하였고, 1920년 타쿠쇼쿠대학(拓殖大学) 교수가 되었다. 군부 장교와 긴밀한 관계를 형성해 1931년 군부 내각의 수립을 기도한 쿠데타 계획(3월 사건, 10월 사건)에도 관여하였다. 1932년 대중운동에 의한 국가개조를 목표로 진무카이(神武会)를 조직하였고, 해군 장교에 의한 5·15 쿠데타 사건을 도왔다는 죄명으로 구속되었다. 1937년 출옥한 뒤 오오카와주크(大川塾)라는 연구소를 개설해 연구요원을 양성하고 저작활동에 힘을 기울여 수많은 저서를 간행하였다. 민간인으로서 유일하게 A급 전범으로 기소되었으나 재판 도중 이상한 행동을 일으켜 정신 장애로 인정되었고, 이로 인해 기소가 취소되었다.

추천 도서

• 『米軍基地の歴史 ― 世界ネットワークの形成と展開』,
  林博史/ 吉川弘文館, 2012.

제2차 세계대전 이후 핵무기 시대가 도래하면서 미국 본토에 대한 직접적인 공격을 막기 위해 세계 여기 저기에 거대한 기지군(基地群)이 만들어지게 되었다. 이 책에서는 미군기지의 현 상황, 미군기지의 세계적 네트워크 형성 과정, 일본 본토와 오키나와의 미군기지, 미군기지가 안고 있는 제반 문제 등에 대해 포괄적으로 고찰하였다. 나아가 이를 극복하기 위한 방안으로서 '기지에 의존하지 않는 안전보장'에 대해 제시하였다.

• 『沖縄戦が問うもの』, 林博史/ 大月書店, 2010.

아시아 태평양 전쟁 당시 일본에서 유일하게 전장이 되어 오키나와주민들의 엄청난 희생을 가져온 오키나와전쟁. 이 전쟁은 현재까지도 이어지고 있는 오키나와주민의 고난과 모순의 원점에 있다. 오키나와전쟁 연구의 권위자인 하야시 교수는 이 책에서 '집단자결'과 '주민동원 방식' 등 33가지 논점을 통해 오키나와전쟁의 전모를 밝히고 있다.

• 『シンガポール華僑粛清 ― 日本軍はシンガポールで何をしたのか』,
  林博史/ 高文研, 2007.

아시아 태평양전쟁에서 일본군이 저질렀던 알려지지 않은 '대학살'의 전모가 이 책에서 밝혀지고 있다. 저자는 싱가폴 현지와 일본을 조사하고, 일본인 전범을 재판한 영국 측 자료를 포괄적으로 검토해 일본군이 '화교'들을 집단 처형했던 실상을 생생하게 밝혀내고 있다.

• 『ＢＣ級戦犯裁判』, 林博史/ 岩波書店, 2005.
BC급 전범재판에서는 아시아 태평양전쟁에서 잔학행위를 하도록 명령하고 이를 실행한 전범 약 5,700명을 재판하였다. 이들 법정에서는 무엇이 밝혀졌고 어떤 범죄를 추궁하였으며, 피고들은 어떤 사람들이었는가? 이 책에서는 전범 재판소의 창설 과정에서부터 재판의 진행, 그 성과와 현대적 의의 등을 고찰하고 있다.

• 『沖縄戦 強制された「集団自決」』, 林博史/ 吉川弘文館, 2009.
2007년 교과서 검정에서 '일본군의 의한 강제'라는 서술이 삭제되어 크나큰 파문을 일으켰던 오키나와주민의 '집단자결' 문제. 저자는 생존자의 증언과 새로 발굴된 자료 등을 통해 집단자결의 문제를 검증해나감으로써 그 전모를 밝히고 있다. 주민의 자유를 억압하고 주민을 철저히 감시하였던 오키나와의 전시체제, 포로가 되는 것을 인정하지 않음으로써 죽음을 강요당한 일본군의 희생 실태, 일본군의 포로학대와 민간인의 취급방식 등을 포괄적으로 논함으로써 집단자결의 원인을 '천황제 국가의 지배구조'라는 관점에서 규명하고 있다.

• 『アジアの花たちへ －「慰安婦」問題と格闘した国会議員の記録』,
吉川 春子/ かもがわ出版, 2008.
저자는 위안부 문제를 해결하기 위해 고군분투한 야당 국회의원이다. 이 책에서는 인도네시아, 한국, 중국 등 아시아 각국의 종군 위안부 피해자들을 만나 대화를 나누면서 그들의 고통을 공감하고, 피해자 구제를 위한 법률 제정을 위해 국회에서 노력했던 과정 등을 서술하고 있다. 나아가 전시기에 독가스 제조에 종사했던 한 여성의 사례를 통해 일본이 가해책임을 인정하고 위안부 문제의 해결을 위해 노력할 것을 촉구하고 있다.

- 『検証 戦争責任』1・2, 読売新聞社/ 中央公論新社, 2006.

전후 60년이 지난 시점에서 전쟁책임 문제를 포괄적으로 논하고자 한 책으로, 1권과 2권으로 구성되어 있다. 제1권에서는 쇼와 초기의 혁신운동과 군 내부의 움직임, 1930년대 일본의 대외인식과 국제감각, 당시의 경제상황, 테러리즘, 대일본제국헌법 등의 문제를 논의하고 있다. 제2권에서는 중일전쟁과 일본의 진주만 공격, 태평양전쟁의 개시, 종전을 위한 공작, 도쿄재판 등의 문제를 다루고 있다. 전쟁책임 문제에 대한 보수적 시각을 엿볼 수 있는 책이다.

- 『中国河北省における三光作戦 ― 虐殺の村・北疃村』,
  石田勇治・井上久士・小野寺利孝・田中隆・松井繁明 編/ 大月書店, 2003.

삼광작전(三光作戦)이란 일본군이 침공한 지역에서 민중 저항의 거점이 되는 부락을 불태우고, 저항할 가능성이 있는 민중을 모두 죽여버리는 일본군의 숙정소탕작전(肅正掃蕩作戦)이다. 중국인들은 이를 '모조리 불태우고, 다 빼앗고, 모두 죽인다'는 의미에서 삼광작전이라고 불렀다. 일본군은 이미 청일전쟁 후 타이완을 지배하면서 타이완 민중의 저항에 대해 이러한 소탕작전을 취했고, 일본의 식민지화에 저항하는 조선의 의병운동에 대해서도 이러한 소탕작전을 펼쳐 의병을 근절시켰다. 중국을 점령해나가면서 중국 민중의 강한 저항에 부딪치게 된 일본군은 그 잔학함을 더해갔다.

이 책은 1942년 일본군의 허베이성(河北省) 중부의 띵현(定縣) 베이투안촌(北疃村)에서 발생한 소탕사건을 다루고 있는데, 일본군은 이 마을의 민병과 촌민이 숨어있는 갱도에 독가스를 투입해 약 1,000명을 살육하였다. 중국 현대사를 전공으로 하는 연구자와 평화와 인권옹호 운동을 하고 있는 변호사 등이 중심이 되어 광범위한 현지조사를 실시해 생존자의 증언을 청취하고 관련 자료를 분석하였다. 피해 범위나 규모에 있어 난징대학살이나 731부대에 의한 학살을 넘어서는 것으로 추정되지만 아직까지 그 실태가 제대로 밝혀지지 않고 있는 삼광작전의 실상을 밝힌 귀중한 연구성과이다.

• 『キムはなぜ裁かれたのか ― 朝鮮人ＢＣ級戦犯の軌跡』,
  内海愛子/ 朝日新聞出版, 2008.

연합국에 의한 B・C급 전범재판에서 조선인은 148명이 유죄 판결을 받았고, 그 중에서 23명이 사형되었다. 전시기에 일본군은 포로 취급에 대해 규정한 제네바조약을 무시하고 포로를 가혹하게 취급함으로써 연합군 포로 4명 중 1명을 사망에 이르게 하였다. 일본군은 포로감시를 조선인이 담당하도록 하였는데, 전범재판에서는 상관의 명령에 따를 수밖에 없었던 조선인들에게 그 책임을 물어 유죄판결이 내려졌다. 이 책에서는 일본인으로서 전쟁책임이 부과되었지만 석방 후에는 외국인으로서 일본정부의 보상과 원호 대상에서 제외되고, 대일협력자라는 낙인이 찍혀 조국에도 돌아갈 수 없었던 조선인 전범의 인생 역정을 다루고 있다. 30년간 B・C급 전범 문제를 연구해온 저자는 재판기록과 현장조사, 조선인 전범의 증언 등을 통해 일본의 식민지 지배와 포로정책, 전쟁재판, 전쟁책임의 문제를 포괄적으로 논의하고 있다.

• 『遺骨の戦後 ― 朝鮮人強制動員と日本』,
　内海愛子・上杉聡/ 岩波書店, 2007.

일본이 일으킨 전쟁에서 희생된 피해자의 '유골' 문제에 대해 규명하고 있는 책이다. 지금까지 방치되어 왔던 유골문제가 이제 와서 드러나게 된 배경, 강제동원된 조선인 희생자 유족들의 목소리, 일본인의 유골도 방치되어 있는 실태 등에 대해 다루고 있다. 유골 문제를 통해 아직도 청산되지 않은 일본의 전쟁책임을 생각하게 하는 책이다.

• 『ある日本兵の二つの戦場 ― 近藤一の終わらない戦争』,
　内海愛子・石田米子/ 社会評論社, 2005.

오키나와전쟁에서 살아남은 군인 곤도 하지메씨는 '버려진 부대'의 일원으로서 자신의 피해체험을 구술하는 가운데 중국 대륙에서 자신들이 저질렀던 만행을 자각하게 되었다. '초년병 교육'이라며 시키는 중국인 사살에서부터 오키나와전쟁의 비극에 이르기까지 어느 황군(皇軍) 병사의 '가해와 피해' 체험을 기록한 책이다.

• 『平和をつむぐ ― 平和憲法を守る９人の手記』,
　青木みか・森英樹/ 風媒社, 2011.

무고한 사람들의 귀중한 목숨을 앗아가는 전쟁이라는 비극은 과거형이 될 수 없는 현재진행형 현실이다. 전후 일본에서는 보통 시민들이 중심이 되어 전쟁포기와 전력(戰力) 불보유를 선언한 헌법 9조를 지키기 위해 노력해왔다. 특히 헌법개정의 움직임이 최고조에 이른 2004년에 일본을 대표하는 9명의 지식인들이 헌법 9조를 지키기 위한 조직으로서 '9조회(九条の会)'를 결성하였고, 이들의 호소에 응해 전국에 7천여 개가 넘는 9조회가

결성되어 호헌운동을 전개하고 있다. 이 책은 9조회 운동에 몸담고 있는 평범한 시민들이 차세대에게 전하는 소망의 메시지를 담고 있다.

- 『女性史からみた岩国米軍基地 ― 広島湾の軍事化と性暴力』,
  藤目ゆき/ ひろしま女性学研究所, 2010.

히로시마만(広島湾)의 군사화가 진행되면서 여성에 대한 성폭력도 구조화되는 과정을 구체적인 사례를 들어 밝히고 있다. 이와쿠니 기지 해병대원의 집단강간 사건과 가해자의 불기소 처분, 미군에게 인도된 재판권과 군법회의의 문제점 등을 통해 젠더적인 관점에서 전쟁과 군사화, 여성에 대한 성폭력의 문제를 고찰하고 있다.

- 『米軍基地の現場から ― 普天間 嘉手納 厚木 横須賀 佐世保…』,
  沖縄タイムス社・神奈川新/ 高文研, 2011.

미군기지 문제를 떠안고 있는 오키나와현, 가나가와현, 나가사키현 등 3개현의 지방신문이 합동으로 기획하여 미군기지의 현실을 다루고 있다. 기지주민이 안고 있는 현실적 고통과 문제점, 기지 경제의 현황, 흔들리는 미일동맹, 변모하는 자위대 등의 문제를 현지 주민의 관점에서 생생하게 다루고 있다.

- 『戦後補償から考える日本とアジア』, 内海愛子/ 山川出版社, 2002.
  (『전후보상으로 생각하는 일본과 아시아』, 김경남 옮김, 논형, 2010)

일본이 조선을 강제병합한 지 100년이 넘었다. 동아시아의 평화는 언제 실현될 수 있는가. 일제가 직접 전쟁에 동원한 조선인 군인과 군속은 일제의 식민지 정책 하에서 원하지 않은 전쟁의 피해자가 되었다. 그러나 더 중요한 것은 이들에 대한 일본 측의 정치적, 윤리적 보상이 이루어지지 않았

다는 것이다. 전후 청산은 이후 동아시아 국제관계를 결정한 가장 중요한
변수였지만 극동군사재판과 샌프란시스코 강화조약에서 피해자인 조선인
들과 아시아인들은 철저히 배제되었다. 일본에 전쟁에 대한 책임을 묻지 않
는 흐름은 지금도 계속되고 있는 것이다.

● 『戰後史』, 中村政則/ 岩波新書, 2005.
　(『일본 전후사 1945~2005』, 유재연 · 이종욱 옮김, 논형, 2006)

　일본의 군국주의는 1945년 8월 15일 '종전 조서'와 함께 막을 내렸다.
GHQ는 새로운 '일본국 헌법'을 강제했다. 천황은 상징적으로 존재하고 일
본은 영원히 전쟁을 포기한다는 것이 주요 내용이었다. 그러나 일본은 자의
반 타의 반 한국 전쟁을 비롯한 베트남 전쟁, 걸프 전쟁, 이라크 전쟁 등 미
국의 전쟁에 끊임없이 개입해왔다. 이 책의 저자는 전후를 전전의 반대 개
념으로 본다.즉 전쟁으로부터 완전히 탈피한 것이 전후다. 그러나 일본은
지금까지도 전후가 끝나지 않았다고 주장한다.

● 『戰争責任』, 家永三郎/ 岩波書店, 2002.
　(『전쟁책임』, 현명철 옮김, 논형, 2005)

　일본이 일으킨 대동아전쟁이 끝난 후 반세기가 넘도록 아시아 주변국에
서 일본의 전쟁책임을 추궁하는 주장이 끊임없이 이어지고 있다. 전쟁책임
은 누가 누구에 대해서 어떻게 지어야 하는가. 이 책은 일본의 지성 이에나
가 사부로의 '15년전쟁(만주사변에서 태평양전쟁까지)'에서 일어난 참혹한
실상을 수많은 증언과 자료를 통해서 밝혀내고 있다. 또한 일본 국가, 일본
국민, 연합국의 법적, 윤리적 책임을 분석하고 있다.

색인

지은이

하야시 히로후미(林博史)

일본 간토가쿠인대학 교수. 전공은 현대사, 전쟁·군대론. 전후 평화운동과 전범재판, 오키나와전쟁, 종군위안부 문제 등의 연구를 주도해왔으며, 이 분야에 다수의 저작이 있다. 또한 이 분야에서 적극적으로 시민운동을 주도해온 진보적 지식인이기도 하다.

주요 저서로『近代日本国家の労働者統合』(青木書店),『華僑虐殺 - 日本軍支配下のマレー半島』(すずさわ書店),『裁かれた戦争犯罪 - イギリスの対日戦犯裁判』(岩波書店),『沖縄戦と民衆』(大月書店),『共同研究 日本軍慰安婦』(共編著, 大月書店),『BC級戦犯裁判』(岩波新書),『シンガポール華僑虐殺 - 日本軍はシンガポールで何をしたか』(高文研),『女性国際戦犯法廷の全記録 (1), (2)』(共編著, 緑風書房),『ここまでわかった! 日本軍'慰安婦'制度』(共著, かもがわ出版) 등이 있다.

옮긴이

현대일본사회연구회

한국방송통신대학교 일본학과 졸업생들로 구성된 일본연구회이다. 깨어있는 보통시민의 시각에서 일본사회를 연구하겠다는 의욕을 가지고 연구회를 시작하였으며, 책을 읽고 자료를 찾아 토론하기를 좋아하는 평범하면서도 결코 평범하지 않은 40, 50대 시민들이 연구회의 핵심 멤버이다.

회원 중에는 뜨거운 열정으로 일본인에게 한국문화를 올바로 전달하고자 문화해설사로 활동하고, 다문화가정의 외국인에게 한국어를 가르치는 사람도 있다. 또한 도움을 필요로 하는 이웃이나 장애인을 위한 봉사활동에 적극적인 사람이 많다.

현대일본사회연구회에서는 보다 비판적이고 성찰적인 토론을 통해 한일 시민사회의 교류를 촉진하고 한국 시민사회의 수준을 높이는 데 조금이나마 기여하는 활동을 해나가겠다는 소박한 계획을 가지고 있다.